広《こう》開《かい》土《ど》王《おう》の霊言

朝鮮半島の危機と未来について

大川隆法

RYUHO OKAWA

本霊言は、2013年4月25日、幸福の科学総合本部にて、
質問者との対話形式で公開収録された(写真上・下)。

まえがき

近年、韓国の人気俳優、ペ・ヨンジュン主演で「太王四神記《たいおうしじんき》」というTVドラマが、はやったことがある。日韓関係が今よりずっと良かった頃である。はっきり言って日本の視聴者にとって、高句麗《こうくり》の英雄を責める気持ちなど、みじんもなかっただろう。

今では北朝鮮の金正恩《キムジョンウン》の守護霊が、広開土王の再来を目指したり、韓国の朴大統領がユダヤ人の排斥運動よろしく、ヒトラーがアーリア人種の優秀性を誇示したように、朝鮮民族の日本民族に対する優越性を誇示している。自国民からの支持は急低下する中でだ。

天皇・皇后両陛下《へいか》に温かい「おもてなし」を受けたオバマ米大統領は、韓国に到着するや、朴大統領にコビを売って、「強制連行」された「従軍慰安婦」への同情を、日本に具体的態度で示すよう「告げ口外交」する始末。アフリカからの黒人奴隷売買を合衆国が反省していることと全く区別がついていないらしい。勉強が足りてない。本書が朝鮮半島の危機と未来について明らかにするであろう。

二〇一四年　四月二十六日

幸福《こうふく》の科学《かがく》グループ創始者兼総裁《そうししゃけんそうさい》　大川隆法《おおかわりゅうほう》

広開土王の霊言　朝鮮半島の危機と未来について　目次

広開土王《こうかいどおう》の霊言《れいげん》 朝鮮《ちょうせん》半島の危機と未来について

二〇一四年四月二十五日　収録
東京都・幸福の科学総合本部にて

9　日本と韓国の「意外な関係」　141

「霊言現象《れいげん》」とは、あの世の霊存在の言葉を語り下ろす現象のことをいう。これは高度な悟《さと》りを開いた者に特有のものであり、「霊媒現象《れいばい》」（トランス状態になって意識を失い、霊が一方的にしゃべる現象）とは異なる。外国人霊の霊言の場合には、霊言現象を行う者の言語中枢《ちゅうすう》から、必要な言葉を選び出し、日本語で語ることも可能である。

なお、「霊言」は、あくまでも霊人の意見であり、幸福の科学グループとしての見解と矛盾《むじゅん》する内容を含《ふく》む場合がある点、付記しておきたい。

広開土王《こうかいどおう》の霊言《れいげん》
朝鮮《ちょうせん》半島の危機と未来について

二〇一四年四月二十五日　収録
東京都・幸福の科学総合本部にて

広開土王《こうかいどおう》（三七四〜四一二）

古代朝鮮《ちょうせん》・高句麗《こうくり》第十九代王。好太王《こうたいおう》。三九一年即位《そくい》。前燕《ぜんえん》に攻撃《こうげき》されて衰退傾《すいたいけい》向《こう》にあった国を再興し、南方の百済《くだら》や西方の後燕《こうえん》へ攻勢《こうせい》をかけて領土拡大を図《はか》った。北方の契丹《きったん》を征伐《せいばつ》し、自国の捕虜《ほりょ》を救出したほか、鮮卑《せんぴ》、扶余《ふよ》、東扶余、粛《しゅく》慎《しん》の各地域まで最大版図を広げるも、三十八歳《さい》で急逝《きゅうせい》した。二〇〇七年、韓国《かんこく》でドラマ化された「太王四神記《たいおうしじんき》」では、神の化身《けしん》が地上に生まれ変わり、知略・武勇に優《すぐ》れた英雄《えいゆう》としてユートピア国家建設を目指すストーリーが描かれている。

質問者　※質問順

里村英一《さとむらえいいち》（幸福の科学専務理事〔広報・マーケティング企画《きかく》担当〕）

綾織次郎《あやおりじろう》（幸福の科学上級理事　兼《けん》「ザ・リバティ」編集長　兼　幸福の科学大学講師※）

小林早賢《こばやしそうけん》（幸福の科学広報・危機管理担当副理事長　兼　幸福の科学大学名誉顧問《めいよこもん》）

［役職は収録時点のもの］

※幸福の科学大学（仮称）は、2015年開学に向けて設置認可申請中につき、大学の役職については就任予定のものです。

1　朝鮮《ちょうせん》半島の「神」と目《もく》される広開土王《こうかいどおう》

広開土王《こうかいどおう》は「反日の原点」か

大川隆法　昨日（二〇一四年四月二十四日）は、この場（幸福の科学総合本部）で、「フビライ・ハーンの霊言《れいげん》」を録《と》ったのですが（『フビライ・ハーンの霊言』（幸福の科学出版刊）参照）、中国とアメリカの、両サイドから見たようなものの言い方をしていました。かなり、国際政治や外交の裏側、あるいは、一つの筋《すじ》が見えるようなものであったと思います。ある意味では、やや〝戦慄《せんりつ》のシナリオ〟があるようにも思えました。

『フビライ・ハーンの霊言』
（幸福の科学出版）

また、もう一つ、朝鮮半島《ちょうせん》についても考えていたのですが、収録が連続するため、迷ってはいたのです。ただ、これからオバマさんが朝鮮半島（韓国《かんこく》）に行くので、私も週末は朝鮮半島のことで頭がいっぱいになりそうな感じがしており、「どうせなら収録してしまったほうがよい」と考えました。

そこで今日は、広開土王《こうかいどおう》（好太王《こうたいおう》）を選んだのですが、まだ霊言を収録したことはない方です。

私も、何年か前に、ペ・ヨンジュンが主役をした、広開土王がモデルといわれるドラマを観《み》ましたし、それ自体は面白《おもしろ》いものでした。ただ、「物語」や「神話」として観る分にはよいものの、戦いでやられているのが、日本や百済《くだら》であったりするのであれば、大変なことであると思います。

これから収録してみないと分からないのですが、もしかしたら、ここが北朝鮮や韓国の「反日の原点」「反日の源流」である場合もあるかもしれません。

また、今のところ、朝鮮半島の神に相当する存在が、まだ見当たっていないのですが、広開土王あたりには、その可能性があります。

以前、金正恩《キムジョンウン》の守護霊《しゅごれい》自身が、「広開土王を目指したい」というようなことを言っていましたが（『守護霊インタビュー 金正恩の本心直撃《ちょくげき》！』〔幸福実現党刊〕参照）、昨日、フビライが、「金正恩も、それほど悪くない」と、妙《みょう》な持ち上げ方をしていました。「若者で、やる気、覇気《はき》がある」などと、少し怪《あや》しい持ち上げ方をしていたのです。もし、そのようなことがあって、「金正恩が広開土王の生まれ変わりだ」とか、「広開土王が金正恩の指導霊《しどうれい》をしている」とかいうことになった場合、あのドラマは観られないことになる可能性があります。

あのドラマを観たころは、まだ、日韓関係もよかったので、特に気にならなかったと思う

『守護霊インタビュー 金正恩の本心直撃！』（幸福実現党）

金正恩（1983？～）

北朝鮮の第三代最高指導者。金正日前総書記の三男で、2011年12月の同氏の死去後、最高指導者の地位を世襲。現在、朝鮮労働党第一書記、朝鮮民主主義人民共和国国防委員会第一委員長、朝鮮人民軍最高司令官等を務める。

のですが、前の韓国大統領（李明博《イミョンバク》）が竹島《たけしま》に上陸してからあと、今の朴槿恵《パククネ》大統領になってから、急速に、日韓関係は悪化しました。もし、朝鮮半島の神が広開土王であって、「反日」「抗《こう》日《にち》」、あるいは、「日本を叩《たた》き出す」とか、「戦争に勝つ」とかいうようなことが、ここを原点として発信されているとするならば、南も北も変わらず、同じものかもしれないという感じはあります。

当時の状況《じょうきょう》では、朝鮮半島の南部にある百済《くだら》は日本の植民地になっていました。それを、広開土王のときに、国内の敵を全部やっつけ、国外の敵もやっつけたわけです。百済を守りにいった日本軍（倭《わ》軍）を、百済ごと、すべて片付けて、叩き出したようですから、非常に強かったのでしょう。

李明博（1941 ～）
韓国第17代大統領。日本の大阪市に生まれ、終戦直後、両親らと共に韓国に渡る。大学卒業後、中小企業であった「現代建設」を韓国のトップ企業に押し上げた。ソウル市長を経て、2008年、大統領に就任。政権末期、竹島上陸を強行し、日韓関係に深刻な亀裂が入った。

『韓国 李明博大統領のスピリチュアル・メッセージ』
（幸福実現党）

りますが。

「広開土王の碑《ひ》」が丘《おか》の上に建っている様子は、歴史の教科書でも見た覚えはあ

向こう（朝鮮半島）から見たら、彼はまさしく守護神《しゅごしん》であり、神のような感じなのでしょうが、逆の立場から見れば難しいところがあります。このへんは、「民族神としての信仰心《しんこうしん》や正義の問題を、世界全体としてどう見るか」という点で、非常に難しい分かれ目のところではないでしょうか。

やはり、民族神として、それぞれの民族を守るために戦うことは、今でも理解できないことではないのですが、「結果的に、どちらが、どうなるように持っていくのがよいのか」というところには、難しいものがあると思います。

日本でも、今、アメリカと日本の利権をめぐって最後の争いをしているのでしょうが、それぞれの地場《じば》の神様が頑張《がんば》っている面はあるのかと思います。

「侵略者《しんりゃくしゃ》なのか、英雄《えいゆう》なのか」の区別は難しいもの

大川隆法　一足《ひとあし》早く、朝鮮半島の（霊査《れいさ》）をやっておいて、まず、様子を見てみましょう。

予想はいかがですか。意外にあなた（里村）などは非常に敵対しているのではないかという感じが、私にはするのです（笑）。

里村　（笑）いえ、分かりませんけれども……。

大川隆法　そうですか。そんな感じではないでしょうか。

里村　少し厳しいですが、予断は持たないで、はい。

大川隆法　分からないですね。
まあ、「ペ・ヨンジュンは、かっこよかったね」と、ほめ上げるしかないかもしれません。ただ、ヨン様も、だいぶ怪我《けが》をして、指を切ったり、肩を傷《いた》めたりしました。

里村　そうです。

大川隆法　役者としては、かなり体が傷んだと思います。あれは、スタントマンを使わずに、実際に馬に乗って殺陣《たて》をやったようなのですが、落馬《らくば》したりして、そうとう怪我をしたらしいのです。それで役者生命を縮《ちぢ》めたようで、そのあと、急速に人気が落ちていった感じがします。そういう意味では、あまりよくなかったのかもしれません。

里村　ええ。

大川隆法　ヨン様の全盛のときは、日本との関係はよかったので、まことに残念ですが、彼の演じた広開土王がどういう人か、関心はあります。

ちなみに、（質問者の一人）小林さんと戦うには、「キャプテン・アメリカ」のような盾《たて》が要《い》る感じがしないでもありません。弾除《たまよ》けをしないと、やられそうな感じがします。

さて、どうでしょうか。「民族神的なレベル」で止まっているか。あるいは、神話とは違《ちが》って、「悪魔《あくま》的なもの」まで行っている、侵略《しんりゃく》的なものか。このへんの区別は、本当に難しいでしょう。歴史家として見ても、政治家として見ても、どう見るかは、かなり難しいものがあります。「侵略者なのか、英雄《えいゆう》なのか」という区別は、とても難しいと思います。

広開土王を招霊《しょうれい》する

大川隆法　それでは、始めましょう。

実際、朝鮮半島で取材することなく、千里の彼方《かなた》に戦いを決するかたちで、「千《せん》里眼《りがん》の戦い」です。

オバマさんが行く前に、朝鮮半島情勢を探《さぐ》ってみせるわけなので、私もＣＩＡからは、日本の新しい〝ステルス秘密兵器〟としてマークされている可能性があります。これができるのであれば、今後、外交上で重大な問題が出てくるからです。

ともかく、トライします。

里村　お願いします。

大川隆法　朝鮮半島に関して、日韓、日朝の危機が続いています。本日四月二十五日は、アメリカのオバマ大統領が韓国に向かうことになっていますけれども、北朝鮮の軍の創設記念日らしく、また北朝鮮が核《かく》実験をするのではないかと恐《おそ》れられてもおります。あるいは、韓国のほうは、客船が転覆《てんぷく》したりして大騒《おおさわ》ぎをしています。

今後、朝鮮半島の危機は、どのようになっていくのか。日朝関係、日韓関係、あるいは中国との関係、アメリカとの関係は、どうなっていくのか。

もし、朝鮮半島に、神にふさわしい人がいるとすれば、歴史的に有名な広開土王が、その人に当たるのではないかという感じもします。

初めてではありますけれども、どうか、幸福の科学総合本部において、その本心を開陳《かいちん》いただきたくお願い申し上げます。

広開土王のご業績につきましては、ペ・ヨンジュンのドラマ等を通して、つぶさに見させていただきました。どうか、そのような立派な方であっていただくことを願っております。

広開土王の霊よ。

広開土王の霊よ。

どうか、幸福の科学総合本部に降りたまいて、朝鮮半島における立ち位置、また、日本に対する見解、今後の世界戦略に対する考え等、そのようなものをお持ちでしたら、どうか、本心を明かしてくださいますよう、心の底よりお願い申し上げます。

広開土王の霊よ。

広開土王の霊よ。

どうか、幸福の科学総合本部に降りたまいて、そのご本心を明かしたまえ。

（約十五秒間の沈黙《ちんもく》）

2 南北統一の「旗印《はたじるし》」を強調する広開土王

登場早々、自《みずか》ら「神」を名乗る

里村　広開土王でいらっしゃいますでしょうか。

広開土王　ああ、うん。

里村　英雄《えいゆう》として有名な広開土王でいらっしゃいますでしょうか。そうであられますね？

広開土王　おまえらは、何だか、悪人のにおいがする。

里村　（苦笑）いえいえ。広開土王は、歴史に遺《のこ》る英雄のなかで、実は、私がずっと憧《あこが》れていた一人でございます。

広開土王　ああ、おまえは、おべんちゃらがうまいんだあ。

里村　いや、おべんちゃらではございません。

広開土王　なるほど。それが、出世の秘密かあ。

里村　とんでもないです。

広開土王　ハッハッハッハ。

里村　教科書で「好太王碑《こうたいおうひ》」のことを学んで、「このような英雄が朝鮮《ちょうせん》半島にはいらっしゃったんだ」と子供のころから思っていました。
　また、広開土王もご存じだと思いますけれども、近年、「太王四神記《たいおうしじんき》」というドラマが韓国《かんこく》でつくられて大ヒットしました。さらに、日本でも大ヒットして、私もすべて観《み》ております。
広開土王　うーん。

ペ・ヨンジュン（1972～）
韓国の俳優。恋愛ドラマ「冬のソナタ」で主演し、韓流ブームのきっかけとなった。「太王四神記」では広開土王役を務めた。カトリック信者。

「太王四神記」　韓国のテレビMBCで放送されたファンタジー時代劇（2007年）。主人公・談徳《タムドク》がさまざまな困難をへて広開土王として立つまでの過程を描く。

里村　王は、日本でも、あらためて有名になられています。

広開土王　うん。高麗人参《こうらいにんじん》は、毎日、食《しょく》しとるか？　うん？

里村　ときどき、いただいています。

最初に、広開土王に、お伺《うかが》いしたいことがあります。ペ・ヨンジュンというたいへん有名な韓国の俳優が王の役を演じてヒットしましたが、こういった現象をどのようにご覧になっていましたでしょうか。

広開土王　まあ、最低でも、ああいうものではあっただろうなあ。

里村　最低でも？

広開土王　うん。

里村　すごい活躍《かつやく》で、自分から率先《そっせん》して先頭に立ち、敵に斬《き》り込《こ》むような姿を見せておられました。

広開土王　まあ、そうだねえ。ほんとは世界的なスーパースターにならねばならんところではあるなあ。

里村　「王が」ですか。

広開土王　うーん。

里村　その意味では、東アジアや朝鮮半島、日本だけではなく、もっと知られるべきであると？

広開土王　まあ、昔も、今も、国が小さいのがやっぱり残念に思うなあ。もっと世界を舞台《ぶたい》にしてやってみたい気持ちがある。

広開土王の時代を中心に拡大した高句麗の版図

高句麗第19代国王・広開土王は、その碑文（本書P.76参照）に「国岡上広開土境平安好太王《こくこうじょうこうかいどきょうへいあんこうたいおう》」（領土を広げて平安をもたらした好太王の葬地）という諡号が刻まれているとおり、四方の地域を攻略し、鮮卑や契丹などの他民族を征服。朝鮮の歴史上、最大規模まで領土を拡大させた功績が称えられている。

里村　世界を舞台に、どんなことをやってみたいというお気持ちを……。

広開土王　わしの理想を世界に広げたいわなあ。

里村　その理想とはいかなるものでしょうか。お教えください。

広開土王　うーん？　まあ、それは「神の心の実現」だなあ。

里村　神の心ですか。では、その「神」とは、どのような神ですか。そして、その「御心《みこころ》」とはどのようなものでしょうか。

広開土王　神とは、わしのことだけど。

里村　あ！　王はそうすると……。

広開土王　神だ。

里村　韓国の神？

広開土王　神でもある。

里村　朝鮮の神様？

広開土王　いやいや。

里村　当時は高句麗《こうくり》ということですね？

広開土王　まあ、高句麗は、当時は先進国であったんでな。たまたま、そこに身を置いていたのであって、先進国だったわけよ。

君らから見れば、今は日本も発展しているから、あまり「先進国」っていうのはないかもしらんが、明治維新《いしん》の日本においたとすれば、高句麗っていえば、発展した〝ドイツ〟のような国であったわけなのだよ。

科学技術的にも、軍事的にも、非常に進んでおったわけだ。それで、中国が〝アメリカ〟に相当したわけだなあ。

歴史の評価に不平を漏《も》らす広開土王

綾織　その神というのは、朝鮮半島全体に対してでしょうか。それとも韓国のほうでしょうか。

広開土王　そこは君らと、これから、ちょっと〝ＴＰＰ交渉《こうしょう》〟をやらないといかんところやなあ。

綾織　なるほど。

小林　白頭山《はくとうさん》のほうでいらっしゃいますか。

広開土王　うーん？　そっから攻《せ》めてくるか。そんなに最初から限定をかけるなよ。まだ分からないんだからさあ。

小林　じゃあ、白頭山もその一つであると？

広開土王　それは国の一部ではあるわなあ。うん。国の一部ではある。

里村　では、これから、だんだん、そのあたりも、ぜひお伺いしたいんですけれども、「神の御心《みこころ》や理想を広げるんだ」と言われる、その御心とは、どのような……。

広開土王　おまえみたいなやつをぶった斬《ぎ》って、もうグツグツと甕《かめ》や鍋《なべ》で煮込《にこ》みたいなあ。そういう気持ちだなあ、神の御心は。

里村　（苦笑）昨日《さくじつ》も、二十回ほど、それを言われたんですけれども……（前掲《ぜんけい》『フビライ・ハーンの霊言』参照）。

広開土王　なんだ？

綾織　「日本人を」という意味ですか。

広開土王　ええ？（里村に）たらふく食って、走ってないでさあ。

里村　（苦笑）はい。

広開土王　こっちに処刑《しょけい》されに来いよ、おまえ。ほんとに……。
昨日《きのう》、言ってた人（フビライ・ハーン）は正しいよ。

綾織　正しいですか？

広開土王　うん。

里村　（苦笑）処刑ですか。

綾織　「日本人」を処刑したほうがいい、と……。

広開土王　まあ、いやあねえ、別に日本人じゃなくてもいいけど。ちょっと、扱《あつか》いが不本意ではあるわなあ。

長い歴史に当たってなあ、わしのような偉大《いだい》な国王がおったというのに、尊敬の心が、ちょっと薄《うす》くてなあ。

里村　ええ。

広開土王　日本人は、自分の国の歴史ばかりを愛しすぎとるんと違《ちが》うかなあ。もうちょっと世界史的な見方というか、もっと他国の立場に身を置いて物事を考える必要があるよなあ。

そうすると、豊臣秀吉《とよとみひでよし》なんていうのは、「ヒトラーの再来だ」っていうことがよく分かる。例えばなあ。

現代の事情にも通じているらしい広開土王

里村　いや、そうした見解も、いろいろとお聞きしたいのですけれども。

今、「王の実績の残り方が不本意である」というお話がありましたけれども、たいへん失礼ながら、朝鮮というか、韓国においても、そもそも「王」という存在を顕彰《けんしょう》することが足りなかったのではないかと思います。

広開土王　まあ、高句麗ということになるから、今の北朝鮮のほうが足場になることにはなるけども、大韓民国の人も、わしを尊敬はしとるはずだな。

はっきり言えば、南北朝鮮を統一するとしたら、わしが「旗印《はたじるし》」になるしかないわなあ。うーん。

里村　ああ、南北朝鮮の統一のシンボルですね。

広開土王　うん、うん、旗印は、わしだろうなあ。

綾織　ただ、統一するにしても、いろいろなプロセスがありまして、韓国側が吸収するパターンもあれば、そうではないパターンもあります。

広開土王　やはり、日本の海上自衛隊を撃滅《げきめつ》したりしたら、南北統一は非常に弾《はず》みがつくわなあ。

里村　ほお！　その撃滅するのは、今の朝鮮半島でいいますと、北の軍隊ですか、南の軍隊ですか。

広開土王　両方、どっちでも構わんよ。どうせ統合するんだから、結局は。それは、どっちでもいいよ。

綾織　確かに、韓国軍のほうも、何となく日本の自衛隊を意識し始めているところがありますよね。

広開土王　うーん。だから、アメリカがなあ、中国と〝手打ち式〟をやってしまうたらなあ。まあ、日本が、〝安倍《あべ》軍国主義〟で、ガガーッと攻めてきたときには大変なことになるがなあ。

小林　ずいぶん、現代のことにお詳《くわ》しいですね。

広開土王　うーん、詳しいかなあ。まあ、神っていうのは、そんなもんなんじゃないかあ。

小林　今のは、かなり詳しい、プロフェッショナルなコメントなんですけれども、やはり、現在、地上のどなたかをご指導されている関係で、そうなのでしょうか。

広開土王　そうだなあ。まあ、神であるからねえ。君よりは賢《かしこ》くないといかんわけよ。

小林　具体的には、どなたかにコミュニケーションといいますか……。

広開土王　「どなたかに」っていっても、まあ、朝鮮半島に足場が一つあることは事実ではあるけれども、やっぱり全世界の責任を持ってる者であるからしてなあ。

小林　だんだん、そちらのほうにも質問を広げていきたいのですけれども、とりあえず議論の出発点として、そのメッセージの受け取り口としては、朝鮮のどの辺りの人になるのかと。

広開土王　日本が、明治以降、歴史をつくり変えてる。自分の国にとって、いいようになあ。

あの司馬遼太郎《しばりょうたろう》っていうやつは、〝地獄《じごく》の悪魔《あくま》〟だろう?

あれは、ほんとに日本人を英雄に仕立て上げて、「悪魔の軍隊」「悪魔の軍勢」を、全部「天使」に変えてしまったようなところがあるから。

こっちも、なんか頑張《がんば》らないと、あかんからなあ。

小林　ああ、それで、あなたのほうも、いろいろとお話を〝つくって〟おられるわけですね？

広開土王　うーん。

3　広開土王は日本軍を「撃退《げきたい》」したのか？

広開土王はフビライ・ハーンをどう見るのか

小林　昨日、登場されたフビライ皇帝《こうてい》に関しては、どのようなご意見をお持ちですか。

広開土王　うーん、まあまあの人なんじゃないかなあ。

里村　「まあまあ」なんですか？

広開土王　まあまあ評価できる、そこそこの人なんじゃないかなあ。

里村　フビライ皇帝のほうは、この地球、全世界の神であるかのように言っていますよ。

広開土王　いやあ、なに、あっちは〝中国のエル・カンターレ〟なんか？　わしは、〝朝鮮《ちょうせん》半島のエル・カンターレ〟なんや。

里村　ちょっと、「エル・カンターレ」というお名前は合わないのではないかと思います。

広開土王　ええ？　〝エル・カンターレ同士〟で、どっちが強いか戦わないといかんわ。

里村　フビライ皇帝は、非常に、「破壊《はかい》の神」、「恐怖《きょうふ》の支配」ということを、おっしゃっていましたので、「エル・カンターレ」という名前は合わないと思うんですけど。

広開土王　「破壊」は、いや、冗談《じょうだん》だろうよ。「恐怖の支配」っていうのは冗談で、愉快犯《ゆかいはん》だよ。

里村　愉快犯ですか！

広開土王　うーん、一種《いっしゅ》のな。君らをからかって遊んどるんだろうが、そりゃあ。

綾織　このままの流れでいくと、朝鮮半島自体が中国に呑《の》み込《こ》まれる流れになるわけですけれども、それ自体はどう思われますか。

広開土王　朝鮮半島が呑み込まれるって？　そんなことは、ないんじゃないかなあ。やっぱり、中国との結びつきは長くて、友好関係は二千年以上、続いておるんでね。

里村　いや、いや（苦笑）。

広開土王　「ときどき、日本がちょっかいを出してくる」っていう歴史だからねえ。

綾織　ああ、なるほど。

里村　いや、王様、あの……、「友好関係」ですか。「朝貢《ちょうこう》関係」ではなくて。

広開土王　「友好関係」でしょう。

里村　「属国関係」ではございませんか。

広開土王　うーん……。まあ、向こう（中国）は農業国家であるからしてねえ。われらに、いろいろと食料を届けたりする関係にあったわけだから。
ときどきは、こちらから礼状を出すぐらいの関係ではあったわなあ。

里村　「向こうのほうが持ってきた」と？

広開土王　うーん、まあ、わしのときは、こっち（高句麗《こうくり》）のほうが強かったような気がするがなあ。

里村　先ほどおっしゃった、要するに、「司馬遼太郎《しばりょうたろう》などの作家によって、明治以降、歴史が書き換《か》えられた」と……。

広開土王　だから、「歴史認識」が間違《まちが》っとるんだよ。

里村　どのように間違っているのでしょうか。

広開土王　うん？　だから、「歴史認識」を、朝鮮半島を軸《じく》にして書き換えなければいけないわけだな。

日本は、ときどき〝高血圧〟になったら、〝血抜《ちぬ》き〟代わりに、朝鮮半島に攻《せ》め上がってくる……。いつも、これをやっとるわなあ。すぐに盗《ぬす》みにくるんだよ、倭《わ》寇《こう》でな。

里村　「日本が」ですね？

広開土王　うーん。

やっぱり、「何度も、何度も」じゃないか。古代から、何度も何度も。だから、わしの前には、女の、天皇だか皇后だか、何だか知らんが、新羅《しらぎ》に入ってきて、暴《あば》れまくって……。

綾織　皇后ですね。神功《じんぐう》皇后です。

小林　やはり、あれは史実だったとお認めになるわけですね？

広開土王　だから、取りに来たやつを、わしが取り返してやって、引っ繰《く》り返して、追い出したんだからさあ。

里村　それでは、まず、そこについてお伺《うかが》いしたいと思うのですが、いちおう、大王が日本軍を撃退《げきたい》したかのような記述も、少し遺《のこ》っております。

広開土王　それは正しい。

里村　事実でございますか。

広開土王　君らねえ、まあ、これは、韓国《かんこく》でもいいし、中国でもええが、もし、（他国の）軍隊が来てやなあ、「九州を全部取ってしまった。あるいは、中国・四国を取ってしまった」っていう状況《じょうきょう》のときに、それを撃退した人がいたら、やっぱり、そらあ、日本の歴史のなかでは、燦然《さんぜん》たる功績として遺るだろうが。ああ？

里村　ええ。ただ、問題は、「本当に撃退したのかどうか」というところです。

広開土王　うん？　撃退したことになっとるんだから、撃退したんだ……。

里村　なっている？

広開土王　うーん。

里村　いえ、こう申しますのも、その朝鮮の方、韓国の方が、今に至るも、歴史というものを平気でつくり変えたりするといいますか……。

広開土王　君ねえ、石碑《せきひ》が建ってるのに、そういう言い方はないよな。

里村　いや、現代史においても、「従軍慰安婦《じゅうぐんいあんふ》問題」に関して、「二十万人を強制連行し、その手足を切った」というようなことを平気で書くんですよ。

広開土王　ああ、手足を切るのは日本の風習ではないから。それは中国の風習だから、まあ、ちょっと勘違《かんちが》いしているかもしれないが……。

里村　いえ、朝鮮半島も含《ふく》めまして、そうでございますよね。

広開土王　うーん。

里村　その傾向《けいこう》性から見たときに、率直《そっちょく》に言って、「石碑に遺っているから」とか、「朝鮮半島の歴史の一部に記述があるから」とかいうことだけでは、少し、どうなのかなと思っているのです。

どうでございましょう?　戦われましたか。

広開土王　まあ、そうは言ったって、日本人でさあ、「朝鮮半島の王様で、知っている人はいるか」って言ったら、もう、みんな、広開土王ぐらいしか知らんから。

里村　ええ。

広開土王　日本で言やあ、これは、神武《じんむ》天皇か聖徳太子《しょうとくたいし》か、うーん、そうだねえ、日本武尊《やまとたけるのみこと》か、まあ、そのくらいの知名度だわなあ。

里村　ただ、日本の史書には、「新羅、あるいは、高句麗《こうくり》も含めて『討《う》った』」という……。

広開土王　「討った」？

里村　はい。要するに、「こちらが攻撃《こうげき》して、討って、支配した」という歴史が遺っているんです。

広開土王　そんな捏造《ねつぞう》が昔からあったんかあ。

里村　いやいや。

小林　まあ、日本の史料というよりは、具体的に、新羅は広開土王を見限って、日本側につきましたよね？　それで、朝貢して、日本に同盟軍を……。

広開土王　全部に勝ったんじゃなかったか。

小林　いえいえ。それで、「軍を動かしている間に、日本と百済《くだら》の連合軍に新羅が落とされて、新羅は『もう、広開土王には付き合えないので、日本側につきます』ということになった」というのが史実ですよ。

広開土王　じゃあ、そのころから、ちょっと、南北朝鮮の戦いが始まってたのかなあ。

小林　客観的に見ますと、あれは、「撃退した」のではなくて、「高句麗が百済を侵《しん》略《りゃく》した」のではないですか。

広開土王　うーん、まあ、だから……。

小林　侵略しようとしたのではないですか。

広開土王　まあ、だから、「韓半島、朝鮮半島の南部は、北側、および、中国の影《えい》響《きょう》と、日本の影響の狭間《はざま》に置かれていた」っていうことは事実だろうなあ。
歴史的に、両文化が引っ張り合ってたのは事実だから。

小林　そうですね。

広開土王　強い人が出るかどうかで、人によって行ったり来たりしてたし、南のほうは日本の影響が強かったのは、それは間違いないことだから……。

小林　そうしますと、だから、今の朝鮮半島情勢と、ある意味で、かなり似ている？

広開土王　似てる。いつも、ずっとこんなもんなのよ。

小林　似てるわけですね。

広開土王　うん、ずっとこんなもんなのよ。まあ、だから、パレスチナ問題なんかと変わらないのよ。もうねえ、膠着《こうちゃく》してんのよ、ずっとね。まあ、どっちも。

小林　そうすると、やはり、「たまたま」とはおっしゃりながら、現代に置き換えると、軸足はどちらかというと北朝鮮のほうにある感じでしょうか。

広開土王　うーん……、と思うだろ？　まあ、でも、そうとは言えないかもしんないよ。わしだって、今、広開土王として述べておるんだからさ。うーん、違うかもしれないからなあ。

4 朝鮮《ちょうせん》半島の歴史は「よく分からない」

日本から攻《せ》めてきたのは誰《だれ》か

里村　ただ、もう一つ、歴史的な証拠《しょうこ》等を見ると、中国側にも、やはり、「朝鮮《ちょうせん》半島のほうが日本に支配された」と。まあ、現代的な言葉で言うと、「植民地的なところにもなった」というような史料もございますし……。

広開土王　うーん。

里村　それから、日本、倭《わ》を撃退《げきたい》したというわりには、その後、朝鮮半島に、「任《み》那《な》日本府」もできているのです。つまり、日本の影響力《えいきょうりょく》が増しているのですよ。かなり矛盾《むじゅん》するのではないかと思うのですけれども……。

広開土王　うーん、うーん。

小林　具体的に事実関係からお訊《き》きしたいのですが、そのとき、お相手をした日本の天皇はどなたですか？　戦った相手も。

広開土王　日本の天皇……。

小林　日本から来た軍を派遣《はけん》した天皇は、どなただったのでしょうか。

広開土王　うーん、まあ、それはむしろ、野武士《のぶし》の頭領《とうりょう》みたいなもんだからねえ。言わば、「野武士の頭領の名前を覚《おぼ》えとるか」っていうことか。

小林　いえいえ。でも、先ほど、神功皇后《じんぐう》のことについてはコンファーム（確認）されましたので。

広開土王　うーん、そのころだったら、誰《だれ》だったのかなあ。まあ、ようは知らんが、日本の歴史は嘘《うそ》が多いからさあ。いない天皇でも、おることになってるから、まあ、なかなか確定は難しいし、百何十歳《さい》まで生きたりすることになっとるから。

小林　いえいえ。でも、戦ったのであれば、さすがに相手の大将の名前ぐらいは覚えていらっしゃいますでしょう？

広開土王　ううん、大将は分からないよ。来たのは部隊だけだから。大将の名前が分かってるわけではないからなあ。

小林　でも、その大将に向かって、百済《くだら》は降伏をして、あの新羅《しらぎ》も人質《ひとじち》を差し出した相手だったわけですからね?

広開土王　「ツメナミコト」と言うとったような気がする……。

綾織　ツメナ、ミコト?

広開土王　ツメナミコトとは言っていた。

　神功《じんぐう》皇后、応神《おうじん》天皇について問いただす

広開土王　なんや、君らは、今、なんかもう、朝鮮半島に不利な情報ばっかり、いっぱい集めとる。それは、〝趣味《しゅみ》〟かね?

里村　いえいえ、とんでもないです。

広開土王　君ら、歴史学会かい？

里村　いえいえいえ。そんなことはありません。私も、「太王四神記《たいおうしじんき》」が好きですから。

広開土王　好きだったら、ちゃんと〝帰依《きえ》〟しなさいよ。

里村　はい。客観的にですね（笑）、両方に、決して偏《かたよ》ることなくお訊きしているのですけれども、具体的に名前を挙げますと、「神功《じんぐう》」というお名前はお好きですか、嫌《きら》いですか。

広開土王　うーん。まあ、あれは、すっごい嫌《いや》なやつだよな。うん、はっきり言えばなあ。うん。

里村　なぜ嫌なのでございますか。

広開土王　「なんで嫌」ってさあ。日本人らしくないじゃない。ね？　日本人女性らしくないでしょ？　あんな臨月《りんげつ》で攻《せ》め込《こ》んできて、それで勝つなんて、そんなことがあっては……。

里村　「勝つ」？

神功皇后（3～4世紀頃）日本の第14代天皇・仲哀《ちゅうあい》天皇妃で、応神天皇の母。神託により、身重の体で半島に進出し、新羅を征服、百済もこれに従った（三韓征伐）。帰国後、応神天皇を出産。69年間摂政を務め、100歳まで生きたと伝えられている。

広開土王　いいわけないでしょ？　そんなことがあって、いいわけがないでしょ、普通《ふつう》は……。

里村　それでは、「神功皇后が征伐《せいばつ》に行って、勝った」というのは、事実だとお認めになるわけですね？

広開土王　うーん。でも、間違《まちが》ってるかもしれない。いや、日本の神話が嘘で、ほんとは、臨月なのに攻めていって、それで流産して、それが、伊邪那岐《いざなぎ》、伊邪那美《いざなみ》の、ああいうふうな「水子《みずこ》の神話」に変わったかもしれないじゃないか。

『伊邪那岐・伊邪那美の秘密に迫る』（幸福の科学出版）

里村　いや、ただ、系譜《けいふ》で見ますと、神功の次の応神《おうじん》天皇が、朝鮮半島に非常に大きな影響力を及《およ》ぼしているのですけれども。応神天皇のお名前は、お好きですか、嫌いですか。

広開土王　いやあ、だからそのへんがね、君らのインチキがどれだけあるか分からないんだけど、「本当は、応神天皇あたりからが天皇の始まりなのではないか」という説だって、ないわけでは……。

小林　それは、戦後、左翼《さよく》化した日本の歴史学

応神天皇（3～4世紀頃）
日本の第15代天皇で、神功皇后の子。三韓征伐の帰途、宇瀰の地（福岡県）で生まれたと伝えられる。神功皇后の没後、71歳で即位。この時期に大和朝廷の勢力が飛躍的に発展したとされている。また、百済から学者・王仁を招いたことで、『千字文』や『論語』が日本にもたらされた。

者が勝手に言い出しただけの話なので。

広開土王　うん、もっと縮《ちぢ》めてもいいんじゃないか。

小林　日本でもその説は、今や、メジャーではないんですよ。ですから、朝鮮の方にそれを言っていただく筋合《すじあ》いはございません。

それはともかく、先ほどの「ツメナミコト」というのが、「スメラミコト」のことでしたら、それは固有名詞ではなく一般《いっぱん》名詞であって、一般的な「天皇」を意味する言葉だと思いますので、ぜひ、戦った相手の方の、実際のお名前を、お教えいただきたいのですが。

広開土王　うーん。まあ、そうは言っても、直接来てないからなあ。それはよくは知らんのだがな。もう。

国と国が入り乱れて争っていた五胡《こ》十六国《こく》時代

小林　ということは、もしかしたら、「時代が違っていた」ということですか。

広開土王　うん?

小林　「一般的に言われている時代とは違っていた」という……。つまり、今、私は、ほかの天皇の名前を出さなければいけないのでしょうか。

広開土王　うーん、まあ、西暦《せいれき》で言われると、ちょっとよく分からんのでね。うちの国は、よく分からないんだが。

里村　ええ。

広開土王　中国のほうは、当時、うーん……と、何をやってたのかね？　三国志《さんごくし》の時代が終わっていたようには思うんだよな。そのあとだったようには思うんだが、三国志で、魏《ぎ》が勝って、晋《しん》という国が起きて、そして、それから間もなくだよな。それは、ほかには……。

里村　確かに、中国も、いわゆる「五胡《こ》十六国《こく》」といわれる時代に入る、非常に混《こん》迷《めい》の時代でした。

広開土王　だから、中国とも、ときどき攻めてきたのを戦ったような気はするよ。

里村　はい。「後燕《こうえん》」ですね。しかし、逆に、「後燕」のほうが叩《たた》かれた？

●五胡十六国　中国4～5世紀頃、華北の五胡（匈奴・鮮卑・羯・氐・羌）が建てた13国（成、前趙、前燕、後趙、前秦、後燕、後秦、西秦、後涼、北涼、南燕、夏、南涼）と漢族の建てた3国（前涼、西涼、北燕）の総称。

広開土王　うん。そうそうそう。だから、もう、あっちもこっちも戦争戦争で、今みたいに、「国」という概念《がいねん》がはっきりとあったわけではなくて、中国でも朝鮮半島でも、豪族《ごうぞく》的なものの集まりが、それぞれ「国」と称《しょう》しておったんでな。

日本だって、本当に統一されてたかどうかは、若干《じゃっかん》、疑問がないわけではない。「日本から来た」って言っても、日本の統一意志による、「統一軍隊」として来てたのか、あるいは、「地方豪族の勢力」として攻めて来てるのか、微妙《びみょう》に分かりにくいところはあったがなあ。

小林　いえいえ、神功皇后は、統一軍として、大和《やまと》国、現代の奈良《なら》を出発して、筑《つく》紫《し》に陣地《じんち》を築き、熊本《くまもと》の兵力も吸収してから攻めて行ったことは、歴史上も分かっていますので、それは、「統一国家」でいいのですけれども。

「新羅《しらぎ》の裏切り」で頓挫《とんざ》した朝鮮《ちょうせん》統一

小林　今のお話ですと、概《おおむ》ね、一般的に言われている神功皇后の次の世代だとすると、応神天皇はかなり朝鮮《ちょうせん》半島をギューッと締《し》めていきましたので、客観的に見ますと、やはりこれは、「(高句麗《こうくり》が)勝った」とは言いがたい感じに見えるのですが。

広開土王　まあ、日本には、「負けた」とは言えない。国土は維持《いじ》できたんだから、「負けた」とは言えないかも。

小林　要するに、一時的に、百済に……。

広開土王　「侵略《しんりゃく》は成功しなかった」ということ。

小林　うん、そういうことですね。一時的に百済に侵攻《しんこう》しようとしたのだけれども、結局、できなかった。

広開土王　侵略は成功しなかった……が、朝鮮半島を全部取りたかったのだけれども、それが成功しなかったがゆえに「負けた」という言い方もあるわな。

里村　ああ、なるほど。

小林　それで、外交的にも失敗して、新羅《しらぎ》が日本側についてしまったために孤立《こりつ》をしたと。

広開土王　だから、ちょっとね、朝鮮人の悪い癖《くせ》で、そういうふうに、身内で仲間を売るようなところがあるんでな。それがちょっとなあ。

だから、「統一朝鮮」をつくるのは、とっても難しい。いまだに、ああやって、やってるだろ? 昔からなんだよ、癖があって。ああいうふうに群れをつくってね、お互《たが》いの利益のために、平気で国でも売《う》りかねないようなところがある。中国に売ったり日本に売ったりするのよねえ。

だから、そのへんがなあ。まあ……。

半島での攻防《こうぼう》戦はどこまでが史実か

綾織　では、史実としては朝鮮戦争のような感じで、一回、北のほうまで攻められたところを押《お》し返したと?

広開土王　北までは来てないような気がするけどなあ。

綾織　「三韓征伐《さんかんせいばつ》」のあたりですよね?

●三韓征伐　神功皇后が朝鮮半島を広域にわたって支配下に置いたとされる戦い。三韓は新羅・百済・高句麗(または馬韓・弁韓・辰韓)。(本書 P.65「神功皇后」参照)

広開土王　北まで来た、北……。いや、高句麗は盤石《ばんじゃく》だったんだよ。高句麗は盤石だったんだけど、朝鮮半島には、まだ他にも国があったから、今みたいに二国じゃなくて、もうちょっとあったんで。

小林　「百済に攻め込もうとしたのだけれども撃退されて、新羅が日本側についたために、今の北朝鮮の一部の辺りで孤立してしまった」というのが、どうも、客観的な……。

広開土王　「撃退」っていうか、いったんは釜山《プサン》までは攻めた。

小林　いやいやいやいや。それは少々嘘《うそ》っぽいですね。申し訳ありませんが、かなり嘘っぽいですね。

広開土王　そうしないと、「石碑《せきひ》」が建たんでしょう？　一回ぐらいは行かないと。

里村　ただ、建ったあと、ずっと、土のなかに埋《う》もれていましたから。

広開土王　それはね、大事に大事に、〝未来カプセル〟〝タイムカプセル〟として残してやった……。

里村　ええ（笑）。では、もう、現地の朝鮮の方からも、やや、その事績が忘れられていたよ

広開土王の功績が刻まれた好太王碑（右）と、太王陵（左）という説のある陵墓。

うな状態だったのでは。

広開土王　うーん。だから、日本のほうが、それだけ、そういう歴史に詳《くわ》しいんだったら、ちょっと悔《くや》しいなあ。朝鮮半島の歴史はよく分からないからさあ。歴史家がいなかったのでね。

小林　そうですよね。時間がたってから、急遽《きゅうきょ》、掘《ほ》り起こされて、「英雄扱《えいゆうあつか》い」になったという意味では、李舜臣《りしゅんしん》も同じですし、ある意味では、安重根《あんじゅうこん》も多少似たところはあるのですけれども。

里村　それは、もちろんです。そうです。はい。

『安重根は韓国の英雄か、それとも悪魔か』
（幸福の科学出版）

朝鮮《ちょうせん》史を代表する「もう一人の英雄《えいゆう》」としても生まれていた？

広開土王　いや、わしはねえ、李舜臣にも生まれ変わったのよ。

里村　え!?　そうでいらっしゃいますか。

綾織　あ、そうなんですか。ほう。

小林　まあ、そうですか。

広開土王　だから、日本とも戦った。

小林　そうであれば、ますます、李

李舜臣（1545 ～ 1598）
李氏朝鮮時代の武将。文禄・慶長の役で日本軍と戦闘した。当時、朝鮮半島南岸に築城した小西行長の撤退を妨害。日本から援軍に来た島津軍に討ち取られた。

舜臣のファンタジーといいますか、フェイク（作り話）も、ここで、ある程度明らかにしないといけないですね。

広開土王　うん。まあ、ちょっと、戦いが〝二重《にじゅう》〟に重《かさ》なってるもんだから。

里村　やはり、李舜臣の事績も、かなり〝水ぶくれ〟しているといいますか……。

広開土王　うん。ただ、馬に乗った「偉《えら》そうな像」になってるからさ。

里村　はい、偉そうに。

広開土王　まあ、いや、「偉そうに」と、自分で言うたか（笑）。あのくらい偉そうにして馬に乗ってるのは、日本では山県有朋《やまがたありとも》ぐらいだわなあ。

5　日本の歴史になぜか詳《くわ》しい広開土王

独立を保ち続ける日本を率直《そっちょく》に評価する広開土王

小林　でも、五百年間忘れられていて、二十世紀になって、急遽《きゅうきょ》、英雄扱《えいゆうあつか》いされて、歴史に登場したというのが実態ではありましたけれども……。

広開土王　うーん、まあ、ちょっとねえ、朝鮮半島は、千年ぐらいは、どうも、グシャグシャしてて、よく分からないっていうか……。そうした、統一した歴史を書けるような王朝が、そんなふうに続いてないので。

まあ、日本が続いてるのは、うらやましいよ。そらあ、「ずっと続いて、歴史が残ってる」っていうのはなあ。

小林　それは、率直《そっちょく》なところですか。

広開土王　ああ。そらあ、うらやましい。うちは、よく分断《ぶんだん》されたり、攪乱《かくらん》されたり、攻《せ》められたりして、もう、めっちゃくちゃになってるんでね。

そのときに書いてるものだって、そのときに支配してた者が書いてるからさあ。

小林　そうなりますと、現代の問題に絡《から》んでくるのですが、今も、それから明治維《い》新《しん》後も、それ以前の古代のときも、そうなんですけれども、実は、「〝大和朝廷《やまとちょうてい》〟側から侵略《しんりゃく》意図を持って、北上した」ということはなく、「折々《おりおり》に、一部の、朝鮮半島の政権が、中国とかロシアとかと組んで、南下してくることがあったので、安全保障上やむをえず、手を打たざるをえなかった」というのが……。

広開土王　いや、それは、自分中心やがな。

小林　いえいえいえ。これは、第三者の欧米《おうべい》の学者も言っているところなんですよ。

広開土王　な、何言ってんの。朝鮮半島の沿岸まで、魚を捕《と》りに来るから、「魚争い」を、だいぶしてたんだよ。

小林　その代わり、対馬《つしま》にも、ずいぶん、略奪《りゃくだつ》、暴行に来ましたよね？

広開土王　そんな、対馬だって、竹島《たけしま》だって、あの尖閣《せんかく》だって、あの辺はみんな、魚をめぐって、いつも衝突《しょうとつ》してたんだから。今に始まったことじゃねえんだ。昔からやってるんだから。

小林　要するに、「ある種の覇権《はけん》の舞台《ぶたい》だった」ということは認められるわけですね。

広開土王　うーん。だから、日本が、こんなちっちゃな島国でありながら、よく独立を保ったところは、ほめてつかわすよ。

里村　ほお。

広開土王　うん、うん。それは、ほめてやるよ。君らは、まあ、アメリカには、今回、ちょっとやられたかもしらんが、「長い歴史を維持した」ということは、ほめてつかわす。

負けたくせに、オバマ大統領にペコペコさせて、天皇に拝謁《はいえつ》させている、その「文化的な長さ」については、まあ、ほめてつかわしたげる。

うーん。わしの王朝が続いとれば、こっちだって、このくらいやれるんだが……。

過去が遡《さかのぼ》れないし、よく分からなく分断されとるので……。なんか、いろいろと、よく属国になったりしてるんでなあ。

非常に中途半端《ちゅうとはんぱ》な地域ではあるから、「日本」「ロシア」「中国」、この三つから、いつも狙《ねら》われて、国内でも、いつも争いが絶えなかったっていうところだなあ。

なぜ朝鮮《ちょうせん》半島には統一王朝が出てこないのか

広開土王　日本では、「統一しよう」と、何度も何度も起きてるよなあ。古代にも統一王朝をつくろうとしたし、それから、中世、戦国時代にもつくろうとしたし、近代にもつくろうとしたし、まあ、何度もやって成功してるから、そのへんは偉《えら》いとは思うがなあ。

小林　なぜ、朝鮮《ちょうせん》半島に統一王朝が出てこないのでしょうか。できないのでしょうか。

広開土王　うーん。だから、「みんな、それぞれに我《が》があって、それぞれに強くて、協調できない」っていうか……。まあ、言葉が違《ちが》えばさあ、君らだって、東北弁と九州弁では、そらあ、言葉が通じないじゃないか。なあ？

やはり、今みたいに交通の便がよけりゃあ、行ったり来たりもできるし、今はテレビもあろうけども、昔だったら、言葉が通じなかったら、「異国《いこく》」だわなあ。だから、そういう意味で……。

小林　一般《いっぱん》的には、「民族神」がいて、「民族霊界《れいかい》」があった場合には、その〝地上出張所〟として、そこに、「統一王国をつくろう」という強力な意志が働き、それが、かたちになってできてきます。これが、世界史の現象なのですけれども、そういう意味で、非常に不思議なんですね。

広開土王　うーん。

小林　日本の場合は、「統一王国をつくろう」という霊界の意志があって、それがかたちになってきましたが、朝鮮半島では、なぜ、そういう、エフェクティブ（有効）な意志が働かないのでしょうか。

広開土王　まあ、意志は働いているが、「同じぐらい強い人が、いつも同時代にいた」っていうことだろうねえ。だから、力に差があれば、統一できる……。

小林　ということは、あなた以外にも、あと、一人か二人ぐらい、似たような、いわゆる、「神」とされる方がいらっしゃるということですか。

広開土王　いやあ、だから、あっちと戦い、こっちと戦い……。もう、みんな悪いからねえ。北と戦えば、南が来る。南と戦えば、北が来る。西から来る。東から来る。まあ、ほんとに、そういう状態だからさあ。

里村　ええ。

広開土王　やっぱり、日本武尊《やまとたけるのみこと》みたいに、全国を平定したりさあ、神武《じんむ》の登場《とうじょう》みたいな感じとかなあ、西郷《さいごう》軍が上がってきたような感じとか、ああいうかたちで、全部を平《たい》らげるっていうのが、なかなかできんかったなあ。

小林　日本の歴史に関して、ずいぶんお詳《くわ》しいですね。

『西郷隆盛 日本人への警告』
（幸福の科学出版）

『神武天皇は実在した』
（幸福の科学出版）

『日本武尊の国防原論』
（幸福実現党）

広開土王　ああ？　そらあ、そうだよ。私は神様だから、そら、そうだよ。

小林　（笑）何だか、ずいぶんお詳しいので、今、新鮮な驚《おどろ》きを受けているのですけれども……。

里村　ええ。そうなんですよ。

広開土王　うーん。

小林　日本の歴史に関して、けっこう的確な描写《びょうしゃ》をされるので……。

広開土王　まあ、それはそうだよ。

里村　お生まれになっていたのですか？　日本に。

広開土王　え？　日本に？

里村　ええ。

広開土王　まあ、それは、君、〝ハイライト〟をそんなに早く……。

里村　ああ、少し早かったですけれどもね。

広開土王　ああ。もう帰るぞ。もう帰る、帰る、帰る……。

里村　いや、それは。もう少し、あとのほうですね。はい。

6　「朝鮮《ちょうせん》民族の性格」を冷静に分析《ぶんせき》

朝鮮《ちょうせん》民族として抱《かか》えるカルマとは何か

綾織　先ほどの続きでいきますと、韓国《かんこく》、朝鮮《ちょうせん》半島の霊界《れいかい》というのは、やはり、そのように、ある程度、分かれてしまっているのでしょうか。

要は、「中国側の影響《えいきょう》がある部分」と、「日本側の影響がある部分」とに分かれてしまっているために……。

広開土王　だから、悲劇なのよ。ここは本当にねえ、悲劇なんだよ。

まあ、ユダヤみたいに、もう千九百年も国がない、あそこまでの悲劇じゃないけどなあ。

あれはひどいわな。世界に散らばって生き延びるなんて、あそこまでいったら悲《ひ》惨《さん》だけどね。

あそこまで悲惨ではないけども、あの手前ぐらいだねえ。ちょっと手前ぐらいの悲惨さだからねえ。

「なかなか、統一王朝をつくって維持《いじ》できない」っていうのかなあ。

小林　そうしますと、ユダヤの場合は、やはり、イエスを屠《ほふ》ってしまったところの「民族のカルマ」が、そういうかたちで展開しているように見えるのですが、もしかしたら、そういう「集合的なカルマ」というか、「民族的なカルマ」みたいなものが、実は何かあるのですか。

広開土王　うーん、だからねえ、わしら、この朝鮮の民族っていうのは、すごく誇《ほこ》りが高くてねえ、「自慢《じまん》する癖《くせ》」はあるんだけど、「劣等感《れっとう》」もすごく深くて、「自己卑下《ひげ》」もあって、極端《きょくたん》にぶれるんだよなあ。そのへんが、なかなか中道《ちゅうどう》に行かんでなあ。

ものすごく威張《いば》ってみたり、ものすごく自己卑下になったり、両極端になるんでさあ。まあ、こういうふうになるっていうのも、やっぱり、自信の裏付けが十分にないんだろうね、基本的にはねえ。

旅客船《りょかくせん》の事故への反応に見る韓国《かんこく》の現状

里村　今回、韓国《かんこく》で旅客船《りょかくせん》が沈没《ちんぼつ》して、ご家族が、捜索陣《そうさくじん》や政府に、ものすごく噛《か》みついていっている、あの姿に、世界中が、やや……。

広開土王　ああ。(舌打ち)あんなに日本を罵倒《ばとう》しとったのにさあ、自分のところの客船が引っ繰《く》り返っただけで、とたんに「三流国家だ」とかさあ、大統領を責めたりするような……。まあ、見てると、何か、「なんだ、このくらいの国だったのか」と思われてしまうわなあ。

もっと確信を持って、他国批判をしとると……。

小林　非常に冷静で的確な分析《ぶんせき》をされているのですけれども……。

広開土王　そらあ、だから、「地球神だ」って言うとるじゃないか。ええ？

小林　冷静、的確で客観的な……。

広開土王　だからね、やっぱり、日本だったら、そんな客船があっても、何も起きないでしょう？　たぶん。「それは気の毒なので、早く救出をする」というだけでしょう？

小林　まあ、同じ船が日本で十八年間、何の事故も起こさなかったので。

広開土王　安倍《あべ》さんが口だけで、「要請《ようせい》があったら、いつでも助けに行ってあげる」って言ったって、要請があるわけもないわねえ。知ってて言っとるんだろうと思うけどさあ。日本なんかに助けられたくはないわなあ、何もね。

里村　ええ。また、そちらもお断りになりましたけれどもね。

広開土王　ああ、助けられたくはないよなあ。だけども、あれは、日本がつくった船なんだよな？

里村　うーん。

広開土王　十八年もなあ。

里村　はい。

広開土王　それが、「横転した」っていうのは、何か、すごい三流国みたいな感じ……。だから、根本的に、その意識がちょっとあるわけよなあ。

それで外側を飾《かざ》って、一生懸命《いっしょうけんめい》、強く押《お》してるやつが、何かの拍子《ひょうし》でこけたときに、すごい自虐《じぎゃく》的になって、「誰《だれ》のせいだ」と、お互《たが》いのせいにするので、国が分《ぶん》裂《れつ》をよくするんだよなあ。

里村　はい。まさに、李氏《りし》朝鮮の末期もそういう感じでした。

広開土王　そうなんだ。

里村　結局、どんどん、内輪《うちわ》の派閥《はばつ》争いが始まりました。

広開土王　そうなんだよ。だから、国が悪いと、「前の大統領が汚職《おしょく》したからだ」とか、「こんな悪いことをしていたから」と言って、前のやつを捕《つか》まえては刑務所《けいむしょ》に放《ほう》り込《こ》む。こんなことを、ずーっとやってるだろう？

だから、そうなんだよな。責任感で全部を受け止める力がなくて、「何かのせいにして、逃《のが》れる」っていう意味では、保身があるし、やっぱり、そういう意味では、自信がないから、責任が取れないんだろうなあ。

まあ、このへんは、「日本のほうが大人だなあ」とは思うんだけど、「文化的には、こちらから重要なことも伝えた」っていう自負《じふ》もあるからさあ。

里村　うーん。

広開土王　仏像とか経典《きょうてん》とかさあ、あるいは、製鉄の技術とかさあ、「そういうものをたくさん伝えた」っていう自負があるもんだから。

そこがねえ、やっぱり、最後のよりどころになっとるから、対馬《つしま》から仏像を盗《ぬす》んでも、「返せへん」とか言って、頑張《がんば》ったりする。そのへんのところが意地なんだよな、あれなあ。

7　朴槿恵《パククネ》大統領は「普通《ふつう》の人」？

「北朝鮮《きたちょうせん》と韓国《かんこく》」の関係をどう見ているのか

綾織　その点からすると、やはり、朴槿恵《パククネ》大統領に対しては、苦言を呈《てい》されるような感じになりますか？

広開土王　普通《ふつう》の朝鮮《ちょうせん》半島の人間だよ、あれ。

綾織　あっ、「普通」ですか（苦笑）。

広開土王　うん。

綾織　あれがノーマルで……。

里村　今のお言葉からは、朴槿恵大統領を応援《おうえん》するとか、何か、熱烈《ねつれつ》に支援するようなものが、全然、感じられなかったんですけれども、それについては、いかがでしょうか。

広開土王　ああ、朴槿恵は、「いつ占領《せんりょう》されるか」っていうので、怯《おび》えて怯えてしてるからねえ。

里村　はい。

『守護霊インタビュー　朴槿恵韓国大統領 なぜ、私は「反日」なのか』（幸福の科学出版）

朴槿恵（1952～）
韓国第18代大統領。1979年に暗殺された朴正熙大統領の長女。保守のハンナラ党（現在のセヌリ党）代表等を経て、2013年２月、韓国史上初の女性大統領に就任したが、「従軍慰安婦」等に関する歴史認識の面で、日本に対する強硬な姿勢を取り続けている。

広開土王　もう、北からやられるか、日本からやられるか。あるいは、アメリカにやられるか。
アメリカにやられることはないかもしらんが……。中国にやられるか……。

小林　それで、北朝鮮からやられてしまって、本当にいいのですか、韓国《かんこく》の神として。

広開土王　うーん、いや、わしが北のほうの人間だった場合には、そういう質問は成り立たないわな。

小林　ただ、お答えの、今までのトーンや趣旨《しゅし》からしますと、今の北朝鮮の体制に、パクリとやられてしまっていいのでしょうか。

広開土王　まあ、それは、脅《おど》しだけで、軍事的に韓国を攻撃《こうげき》することは可能でも、今の国力で支配するのは難しいだろうね、やっぱりねえ。

残念ながら、逆に、「ギリシャを取ったらギリシャ化してしまったローマ」みたいになってしまうからね。北が取りに行ったら、逆に、南の豊かさに驚《おどろ》いて、引っ繰《く》り返ってしまうから、「見せないほうがいい」っていうのが北のほうの戦略だと思う。

小林　そうすると、今の韓国と北朝鮮に対しては、あまり指導されていない感じですね。

広開土王　うん、まあ、見てはいますよ。今も見てはいますけどね。

小林　ええ、「見てはいる」とは思います。「観察はされている」とは思うのですが……。

「朝鮮《ちょうせん》半島のユートピア実現」について考えていること

綾織　先ほど、「神の理想」というお話がありましたけれども、朝鮮《ちょうせん》半島でいうと、「どういう方向が望ましい」と思っていますか。

広開土王　だから、「朝鮮半島のユートピアが成り立つか」っていう問題だな、君らの言葉で言うと。

綾織　あっ、はい。

広開土王　「朝鮮半島のユートピア」って、いったい何なんだ?
「朝鮮半島のユートピア」って、もう「バランス・オブ・パワー」しかないのか。
だから、ロシアに攻《せ》められず、中国に攻められず、日本に攻められず、とりあえず、外国に攻め込《こ》まれずに、国が保てたらよくて、その国側の維持《いじ》としては、「ハングルが使える」ということだけで喜びを感じるところで、朝鮮半島のユートピアとするのか。あるいは、それ以上のものを求めるのか。

まあ、そういうとこだわなあ。

里村　ええ。それで、どのようにお考えになりますか。

広開土王　うーん、まあ、〝難しい民族〟だと思うんだよなあ。人口のシェアから見たら、生き残るのは、けっこう難しいところだとは思うなあ。

いつ中国に取られてもおかしくないしなあ。まあ、日本みたいな強国ができてしまうと、これは攻められるのが普通だからねえ。

里村　ただ、今の日本の情勢から見るならば、いわゆる「攻め取る」ということはありませんよね。

広開土王　いやあ、安倍《あべ》は、やるかも分からん。

里村　いやいや、そういうことは……。

小林　バックに幸福の科学がいるかぎり、それは、ありえない選択《せんたく》なんですけれども……。

広開土王　いや、幸福の科学も、本当は、羊の皮を被《かぶ》った狼《おおかみ》かも……。

里村　いやいやいや。

小林　それは、ありえないのですけれども。

広開土王　侵略《しんりゃく》が大好きかもしれないからなあ。

広開土王の考える「韓国《かんこく》が中国に呑《の》み込《こ》まれる」可能性

小林　今のお話からしますと、例えば、現実の問題として、このままだと「中国に呑《の》み込《こ》まれる可能性」があるわけですけれども、そのことに関しては、いかがお考えでしょうか。

広開土王　いや、その気になれば、一瞬《いっしゅん》で、できちゃうでしょう？

小林　ええ、できてしまいますけれども……。

広開土王　本気だったらね。呑み込もうと思えば、そら、一瞬で終わるでしょう。

小林　ええ、三十八度線までは一瞬でできるのですけれども、そこから、さらに南に出てくることに関しては……。

広開土王　うーん、それで今、アメリカを一生懸命《いっしょうけんめい》、ハワイまで下がらせようとしてるんだろう？

里村　「中国が」ですね？

広開土王　うーん、ハワイまで下がったら、そんなの（苦笑）、韓国《かんこく》なんて、どうにでもできるわね、それはねえ。

里村　ええ、そうです。

広開土王　だから、日本を攻めるふりをして、韓国まで取れてしまうよね、簡単にね。

里村　はい。

8 日露《にちろ》戦争の「名将」として生まれた？

「今世《こんぜ》は異端《いたん》」と漏《も》らしつつ話題をそらす広開土王

小林　ご本人とは申しませんが、このお話のタッチに、とても似た方と、以前、お話ししたことがありまして……。

広開土王　そう？

小林　朴正熙《ぼくせいき》大統領。大王がその本人とは言いませんよ。その考え方や、タッチ、トーン、格などが、すごく似ているんですよ（『韓国《かんこく》　朴正熙《パクチョンヒ》元大統領の霊言《れいげん》』〔幸福実現党刊〕参照）。

広開土王　うーん、そうかねえ。

小林　ええ。お知り合いですか？

広開土王　まあ、いちおう韓国に生まれてるから、多少は、そりゃ、指導はしてるわね。

綾織　指導をしていた？

里村　朴正熙《ぼくせいき》を？

小林　現役《げんえき》時代に指導していた？

『韓国　朴正熙元大統領の霊言』（幸福実現党）

朴正熙（1917〜1979）
韓国第5〜9代大統領。朴槿恵の父。日本陸軍士官学校を卒業後、満州国軍歩兵第八師団に配属され、満州国軍中尉で終戦を迎える。61年に韓国で軍事クーデターを起こし、国家再建最高会議議長に就任。その後、大統領を務め、軍事独裁・権威主義体制を築く。日韓基本条約の締結を行い、「漢江の奇跡」と呼ばれる高度経済成長へと結びつけた。

広開土王　うーん。いやあ、まあ、今世《こんぜ》はねえ、わしはちょっと気まぐれでさあ、魂《たましい》の兄弟は、何と言うかねえ、すごく異端《いたん》なのよ、今回はねえ。

綾織　「今世」というのは最近？

小林　いや、今回、今。

広開土王　うーん、いや、「ペ・ヨンジュンに生まれ変わった」……とは言わんよ。

里村　ああ、びっくりしました（笑）。はい。そうですねえ。

広開土王　いや、それでもいいんだけどな。そのほうが人気が出るから、そう言いたいが……。

小林　今、韓国か、韓半島のなかに、いらっしゃるんですか？

広開土王　うーん、韓半島には、いないかもしれないなあ。

小林　いないかもしれない？

綾織　朝鮮《ちょうせん》半島から見て、「異端」ということは……。

里村　「異端」というと、金正男《キムジョンナム》ですか？

広開土王　ハハハッ（笑）、そういうことかあ。

里村　ディズニーランド好きの〝お兄《にい》ちゃん〟では……。

広開土王　ああ、兄ちゃんねえ。

里村　ではないですものね。異端……。

広開土王　わしは英雄《えいゆう》だからねえ、それは、ちょっと違《ちが》うんじゃないかあ。

里村　あ、はい、そうです。私も今、言いながら、「失言だな」と思いました（会場笑）。

小林　要は、現代に出ておられる感じですね？

それで、「異端」というのは、国境を越《こ》えたという意味で異端なのか、例えば、俳優さんみたいな職業上の異端なのか……。

広開土王　あるいは、（質問者を見て）「小林早賢」として生まれてたら、どうするんだ。

小林　まあ、冗談《じょうだん》はさておきまして……。

広開土王　（苦笑）まったく反応しなかったね。そういうのって、礼儀《れいぎ》作法を知らないんじゃないか？

小林　いや、単なるディベート・テクニックですので……。

広開土王　「そんな、私には、ちょっと過ぎた話です」と、こう言うのが普通《ふつう》ではないか?

小林　そういうコメントを使って、あなた様のほうで、もう一度、話題を引き戻すテクニックもあることは知っていますので……。

広開土王　うーん。

ついに明かされた、驚《おどろ》きの「魂《たましい》の兄弟」

綾織　朝鮮半島からの発想で、「正統ではなく異端」ということですと、やはり「日本」という印象を受けるのですけれども……。

広開土王　うーん……。まずいなあ。これは、まずい話題だなあ。やっぱり、あまりよくない話題だなあ、これはな。

綾織　まずいですか、やっぱり。ああ、なるほど。

里村　ただ、御自《おんみずか》ら、今、そちらの方向に、話をだんだんと持ってこられましたので……（会場笑）。

広開土王　ああ（笑）。「朝鮮半島の神」でなきゃいかんからねえ。

里村　いや、ただ、この話が明らかになっていくことが、おそらく、朝鮮の、これからの未来のためにも、すごく役立ってくると思うのです。

小林　引き続き、「朝鮮半島の神」でもいらっしゃって、いいんだと思うんですね。

綾織　朴正煕元大統領も、日本に生まれたことはありますので、「おそらく、つながりが、霊界《れいかい》的にもあるのかな」というのは想像できます。

広開土王　うーん……。朴正煕として生まれたわけではない。

綾織　はい。

広開土王　ではない。ではなくて、うーん、まずいところまで来てしまったなあ……。

綾織　戦後ですか？

広開土王　うーん……。

綾織　近いとか？

広開土王　いやあ、だから、国民から見たら、裏切りに当たるかもしれないからなあ。

小林　（里村に）両方あるかもしれないよ、昔と今と。

里村　ああ、昔もありますよね。

小林　うん。二回あるかもしれない。

広開土王　うん？

里村　ただ、国民から見たら、裏切りに見える？

広開土王　かもしれないなあ。

綾織　今は生きていらっしゃるのですか？

広開土王　ううん、いやあねえ、「二〇三高地」を攻撃《こうげき》した記憶《きおく》があるので……（笑）。

綾織　ほう！

広開土王　いやあ、ちょっと、国民的には、これは……、まあ、朝鮮半島を攻撃したわけではないんだけど……。

綾織　それは、大型の大砲《たいほう》を途中《とちゅう》から持ってきた人ですか？

広開土王　ううーん、まあ……。

小林　まさか、その前からいて、攻め続けさせていた方ですか？

広開土王　いや、「児玉源太郎《こだまげんたろう》」っていう名で生まれたことがあるもんで……。

小林　ああ！（会場どよめく）

児玉源太郎（1852 ～ 1906）
日本の軍人、政治家。徳山藩出身。台湾総督を務め、後藤新平とともに台湾統治に当たる。その後、伊藤内閣では陸軍大臣、桂内閣では内務大臣を兼務。日露戦争では満州軍総参謀長を務め、旅順攻囲戦において功績を挙げ、勝利に貢献。戦後は陸軍参謀総長に就任。さらに南満洲鉄道創立委員長も兼務した。

霊界《れいかい》では「朝鮮《ちょうせん》半島は日本の傘下《さんか》に入る」予定だった!?

小林　でも、あの方は、台湾《たいわん》のほうにも善政《ぜんせい》を敷《し》いて、朝鮮《ちょうせん》半島や台湾の、日本による植民地的経営が立派であったということの証明をされた方ですよね？

広開土王　うーん。だからさあ、朝鮮半島は取り残されたんだ。いや、本当はなあ、「日本の傘下《さんか》」に入るつもりはあったんだがなあ。そのつもりではあったんだよ。それは、台湾も含《ふく》めてなあ。

里村　はい。

綾織　ほう。それは、「朝鮮半島霊界《れいかい》」としての意見ですか？

広開土王　うん、だから、まあ、いちおう、あのときに議論が分かれたんだけども……。

綾織　はい。ロシアが南下してきて……。

広開土王　アジアを、誰《だれ》の支配下に置くかでね。「アメリカの支配下に置かれる」っていうのは、「まさか」ではあったんだ、実を言うと。遅《おく》れてきたからね、「まさか」ではあったんで……。

イギリスとかは、もうインドに入ってたし、ほかのヨーロッパの国も入ってたからね。それを、「日本が、ヨーロッパと戦って、勝つ」っていうシナリオでしょう？ それから、「中国にもロシアにも、勝つ」っていう……。だから、「日本の世紀が来る」っていうのは、だいたい読めてたからなあ。「日本文化圏《けん》ができる」と思ってはいたのよなあ。アメリカが、あすこまで踏《ふ》ん張《ば》るとは、ちょっと予想外だったからさあ。

綾織　ということは、朝鮮半島の霊界、神のご意見として、児玉源太郎に生まれて、日露《にちろ》戦争を戦ったと……。

広開土王　うん、だから、「ロシアに支配されたくなかった」っていうことは認めよう。

里村　それは、神様の世界から見ても、「その先に未来はない」ということが、もう見えたわけですね？

広開土王　うん、日本のほうが、まあ、「近い」とは思ってたから、ロシアよりはなあ。

里村　ええ、ええ。

広開土王　「ロシアに支配されたら、もう終わりかな」とは思ったのでね。朝鮮半島を支配されたら、もう元に戻《もど》れない。

朝鮮《ちょうせん》人のルーツと日本人との関係は？

綾織　ということは、朝鮮《ちょうせん》半島と日本とを行ったり来たりするような方でいらっしゃるのですか？

広開土王　厳しいなあ。これは、〝裏切り〟に当たるかもしれない。

綾織　いえいえ。これは、「つながりが、より深くなる」ということだと思います。

広開土王　もともと、だから、「同根《どうこん》」なんだよ、ある意味ではな。

小林　はい、そうです。本当は同根ですね。

広開土王　だから、朝鮮半島には、オリジナルの朝鮮半島の人間なんて、いやしないので……。

小林　はい。

広開土王　入ってるのは、満州《まんしゅう》を中心とした「中国系の人間」と、あとは、「シベリア系、ロシア系の人間」と、それと「日本人」の混じり合ってできた民族だとは思うよ、まあ、たぶんね。

里村　はい。

広開土王　ただ、文化的には、いちおう、朝鮮半島としては、「中国・朝鮮半島経由で日本に文化が入って、日本は文明化した」っていうことにしたい。

だから、日本の歴史は、遅《おそ》く始まったことにしたいので、なるべく、『古事記《こじき》』『万葉集《まんようしゅう》』、あのへんができたころより、ちょっと前ぐらいに始まったように持っていきたくて、戦後の歴史学者もそちらのほうに誘導《ゆうどう》したんだとは思う。

けれども、「現実は、広開土王より前に、日本が統一王朝として栄えてた」っていうことになると、話が変わってくるからねえ。そんなに「影響《えいきょう》を受けた」っていうわけでは、なくなってくることがあるので。

日本から、逆に教わったことが出てきたりすると、困ることになるわなあ。

里村　そうですね。

霊界《れいかい》で「東アジア・東南アジア・インド」などを見ているのは誰《だれ》か

小林　そうしますと、「十九世紀の後半に、そういったかたちで、児玉源太郎として生まれよう」という計画を立てた、そのとき、ご相談された「上なる方」というのは、どなただったのでしょう？

あるいは、どのお方の指示といいますか、考え方とすり合わせしながら……。

広開土王　「ご相談……」っていうのは、ちょっと難しいあれにはなるんですけどねえ。

小林　あるいは、「すり合わせ」でもいいですけれども……。

広開土王　だから、日清《にっしん》戦争で中国が敗れたあたりで、だいたい……。実際は、あんたがたが調べてるとおり、「明治維新《いしん》の英雄たち、日本の英雄たちは、かつて中国でも、英雄を張ってた方々が多かった」っていうことが出てるわなあ。中国の英雄が、ごそっと抜《ぬ》けて日本に（生まれ変わって）来たら、日本が勝つっていうのは、まあ、当たり前ではあるわなあ。向こうに英雄が残っとらんかったということだよなあ。

だから、そういうことから考えると、中国、朝鮮半島、日本、および、ロシアのこちらの側辺りまで含《ふく》めて、あるいは、まあ、インドも入っているかもしらんが、インド・東南アジアまで含めて、「全体を見ている者」は、いたかもしれないということだわなあ。

小林　一般《いっぱん》的には、当会の指導霊団《しどうれいだん》では、それは仏陀《ぶっだ》がされているのですけれども……。

広開土王　ああ。いや、まあ、そらあ、「仏教」も「儒教《じゅきょう》」も入ってるからねえ、朝鮮半島に。

小林　ええ。

さらに明かされた「深い仏縁《ぶつえん》」と「驚《おど》きの過去世《かこぜ》」

小林　それで、確か、仏教には帰依《きえ》されていましたし、先ほど、「中道《ちゅうどう》」という、なかなか立派な仏教の専門用語を使われたので、「お！」っていう感じはあったのですが……。

広開土王　ああ、そうか。それ、使っちゃったなあ。

小林　何か、仏教への縁《えん》とか、仏への縁みたいなものも、もしかして……。

広開土王　まあ、人殺しをたくさんしているから、そんなことを、あまり言えるような立場には、ないですがねえ。

里村　ただ、そうすると、いわゆる軍神《ぐんしん》的なご存在でいらっしゃるのですか？　まあ、児玉源太郎閣下も、もちろん、政治の治世《ちせい》のほうも、非常に有能でいらっしゃったのですけれども、ただ、広開土王、そして、また、児玉源太郎さんも、やはり、有名な実績で見ると……。

広開土王　まあ、軍神は軍神だろうねえ。ただ、そういう面は持ってたけども、全部が軍神ではないなあ。

里村　はい。

広開土王　うーん、やっぱり、文化的な面も持ってはいたので、全部が軍神とは言えないなあ。

綾織　それは、日本でのご経験ですか？

広開土王　うーん。だから、うーん……、ばらすかあ。

小林　ぜひ。

広開土王　わしは口が軽いなあ。

里村　とんでもないです。

綾織　これが未来を変えますので、よい日韓関係がつくれるのではないかと思います。

広開土王　ああ、口が軽い。簡単に口を割る。昨日のフビライのほうが偉《えら》いなあ、やっぱり、こらあ。

里村　いえいえ。

広開土王　あかんなあ。

里村　いや、もう、性格が全然違いますから……。

広開土王　うーん。だからさあ、「お釈迦《しゃか》様の弟子《でし》だったか」って言われると、「直接の弟子ではないが、間接の弟子ではある」っていうのは本当だ。

小林　ああ。それを、もう少し具体的に教えていただけますと……。

広開土王　だから、インドでは殺しまくっておったが、仏教に帰依して平和を信ずるようになった人だよ。

里村　アショーカ王？

広開土王　そう。

アショーカ王
（前 268 頃～前 232 頃）
古代インド・マウリヤ朝第３代国王。在世時に全盛期を迎え、国内での反乱の鎮圧を進めながら、南端部分を除くインド亜大陸全域を統一した。カリンガ国との戦いの際、バラモンをはじめ数十万人が亡くなったといわれ、そのことを深く悔いたアショーカ王は仏教への信仰を深め、ダルマ（法）に基づく政策を実施した。

（左）アショーカ王のレリーフ〈ギメ東洋美術館蔵〉
（右）アショーカの獅子柱頭〈サールナート考古博物館蔵〉

里村　ええ!!　いやあ……。

小林　ご立派ですねえ。確かに、アショーカ王のときも碑《ひ》が建っている……。

里村　そうですね。碑が建っていますね。

広開土王　だから、まあ、「縁がない」ということはないけど、まあ、十万人は殺してるからね。確か、十万ぐらい殺してる……。

「生類憐《しょうるいあわれ》みの令《れい》」は、仏弟子《ぶつでし》としての「カルマの刈《か》り取り」

小林　ええ。たくさん殺していますけれども……。

広開土王　だから、人殺しが、仏教にふさわしいかどうかは微妙《びみょう》なところだなあ。

里村　ただ、歴史上、十万人ぐらい殺している方も、いらっしゃいますので……。

広開土王　そう？　別に、大したことない？

里村　それでも、立派な方は大丈夫《だいじょうぶ》です。

広開土王　あ、そう？　大したことない？　あ、そうか、そうか。

里村　まあ、これは、半分、冗談ですけれども……。

広開土王　うーん（会場笑）。（笑）君ねえ、大丈夫かい？　宗教をやってられるか？　続けられるか？（会場笑）

里村　はい。あくまでも、レトリックの問題でございますので……。

広開土王　だから、そのカルマは、「生類憐《しょうるいあわれ》みの令《れい》」とかなあ、そんなのを出して、刈《か》り取りはした。

綾織　え？　将軍を経験されているわけですね？

小林　第五代ですか。

広開土王　俺《おれ》、なんでこんなに口が軽いんやあ（会場笑）。まずいなあ、これは。まずいまずいまずい……。ちょっとまずいやあ。

徳川綱吉（1646～1709）
江戸幕府第５代将軍。３代将軍・家光の四男。家光の教育により儒学の影響を受け、戦国時代の武力による統治を排し、天皇を敬い、徳を重んじる文治政治へと変化させた。また、湯島聖堂を建立するなど、儒学の宣揚に努め、この時代に多くの儒学者を輩出した。その初期の治世は「天和の治」と称えられるも、後期に出された「生類憐みの令」による行きすぎた動物愛護は悪法と言われた。

里村　いやいや。ただ、一般の評価は別として、徳川綱吉《とくがわつなよし》将軍は、立派な方だということは、私たちも前から……。

広開土王　いや、仏教的な精神を持っとった面が出たものだなあ。

綾織　なるほど。「不殺生《ふせっしょう》」を実践《じっせん》する方であられたんですね。今の感じからすると、何となく日本の転生《てんしょう》が、かなりたくさんありそうな雰囲気《ふんいき》ですけれども（笑）……。

広開土王　これ以上しゃべると、君、もう危ない。わしは〝クビ〟が危なくなるなあ。

綾織　なるほど。そうですか（笑）。

里村　ただ、それは、ある意味で、翻《ひるがえ》って朝鮮半島のためでもあったわけですよ。

広開土王　だから、それは、結局、朝鮮半島が独立できない理由なんだよ。

小林　〝本籍《ほんせき》〟は、日本の高天原《たかまがはら》なのではないのですか？

広開土王　だから、両方を行ったり来たりしてるから、独立できないんだよ。

9　日本と韓国《かんこく》の「意外な関係」

高天原《たかまがはら》を追い出された須佐之男命《すさのおのみこと》と朝鮮《ちょうせん》半島の関係

綾織　もしかしたら、日本の高天原《たかまがはら》と、朝鮮《ちょうせん》半島の南のほうは、つながっている状態であるわけですか？

広開土王　だから、須佐之男《すさのお》がさあ、天照《あまてらす》に〝蹴《け》り出された〟やろう？　そいで出雲《いずも》から朝鮮半島に渡《わた》って、しばらくあの辺に……。だから、あの辺は朝鮮半島の植民地ができたもとなんだろうと思うんだけどさあ。

もうちょっと前にもあるかもしらんけど、歴史的には、それがあると思う。須佐之男がなあ。

だから、今、「従軍慰安婦問題《じゅうぐんいあんふもんだい》」を責めとるけどさあ、須佐之男が朝鮮半島でええ女を集めて、ええことしまくったんでなあ。その恨《うら》みが、今、返ってきてんだよ。

綾織　なるほど（苦笑）。そこが原因ですか（会場笑）。

広開土王　「高天原から追い出された」っていうのには、理由があるのよ。異常に行儀《ぎょうぎ》が悪いから、追い出されたんだ。おかげで、朝鮮人の女性はいっぱい子供を産まされたんでさあ。
　だから、朝鮮人の王家には、〝日本の血〟がいっぱい入ってんのよ。須佐之男がねえ、〝種〟をまいたのよ。君だって、まきたいやろう?

里村　いやいや、とんでもないです（笑）。

『神に誓って「従軍慰安婦」は実在したか』（幸福実現党）

まあ、古代には、そういうことはあったのかもしれませんね。

朝鮮《ちょうせん》における「オリジナルの神」とは

綾織　「朝鮮《ちょうせん》半島と日本の神様が交流している。つながっている」と言っていいのでしょうか。

広開土王　だけど、「追い出された神」でもあるわけだからなあ。

里村　でも、朝鮮半島そのものは、要するに、高天原霊界《れいかい》の完全に〝あれ〟ですね。

広開土王　南のほうは少なくとも、かなり……。

だけど、北のほうは中国のほうだから。先進国だったからね、中国はね。

綾織　日本神道《しんとう》の神々の〝傍流《ぼうりゅう》〟のようなかたちになるわけですか。

広開土王　まあ、だいたいやなあ、女性がさあ、主宰神《しゅさいしん》とは非常に珍《めずら》しすぎるケースだわなあ。

　ということは、男性のところの出来が悪くて追い出されたと見るべきだろうねえ。

　まあ、その流れを引いているから、被害《ひがい》意識があるけど、日本には「親和性」と「被害意識」の両方を持ってるし、入っているので。

　ほんとは朝鮮のオリジナルの神には、もっと古い歴史がないわけではないんだけども、あえて言えば、須佐之男命が、実は〝オリジナルの神〟ではないかねえ。

小林　それは、とても筋《すじ》が通っていますね。非常に中道《ちゅうどう》な見方だと思います。

広開土王　たぶんね。あのころは、日本は、もう統一朝廷《ちょうてい》をつくっておったから、先進国は日本であったことは間違《まちが》いないので。韓《かん》半島は、統一できていなかった状態なのでね。だから、須佐之男を受け入れたのは間違いない。

里村　なるほど。

「高句麗《こうくり》の初代の王」の実在を問う

里村　朝鮮のためにもお伺《うかが》いしたいことがあります。高句麗《こうくり》をつくられた初代の王は、朱蒙《チュモン》という方で、弓の名手だったのですが、本当にいらっしゃったのですか。

広開土王　まあ、それはねえ、王様というのは、いつの時代もいるもんだから。

里村　まあ、そうですね。

広開土王　そういう歴史を書けば必ず出てくるものです。ある種《しゅ》の王家ができる場合には、最初に武力が強くて、拡張して、城をつくって、領土をつくった者が出るからね。

まあ、いないわけではないけども。ただ、それは、北のほうでしょ？　どっちかといえばね。

里村　まあ、高句麗ですから。

広開土王　だから、「南（日本）から入った者がおる」ということを、今、おっしゃったけど、これは、「南北分裂《ぶんれつ》には、理由がないわけではない」っていうことだね。

中国も先進国だったし、日本も先進国だったのよ。その狭間《はざま》にあったわけだから、南北両方に引っ張られるのは、当然のことなんだけどねえ。

古代エジプトの「将軍」として戦った記憶《きおく》がある

小林　現代の問題に入りたいんですけれども、その前に一点だけお訊《き》きします。児玉源太郎《こだまげんたろう》という人は、山県有朋《やまがたありとも》のいちばんの懐刀《ふところがたな》だったのですが。

広開土王　うーん。ばれたね。さっきも、もうちょっと日本のことを……。

小林　ということは、そのラインで行きますと、つまり、〝山県有朋ライン〟をたどっていきますと、先ほど、「世界に」とおっしゃってイン

山県有朋（1838 ～ 1922）
軍人・政治家。元勲の一人。長州出身。松下村塾に学び、幕末には奇兵隊の軍監として活躍。明治維新後は、日本陸軍の基礎をつくり、「国軍の父」と称される。また、政治家としては、内務卿、第3・9代内閣総理大臣、枢密院議長等を歴任。官僚制度の確立にも尽力し、近代国家の礎を築いた。

ドまでは明かしていただいたんですけれども、それから、さらに西のいろいろなところでも、場合によると、われわれハッピー・サイエンス、「エル・カンターレ系霊団《れいだん》」と縁《えん》があってお仕事をされたことがおありだと思います。

広開土王　まあ、〝世界史〟で名乗ってるからねえ。まあ、そらあ、あるよ。その前もあるよ。

小林　例えば、ヨーロッパのほうとか、西欧《せいおう》とか、欧米系でいいますと？

広開土王　うーん。そのへんは、今はちょっと出しにくい感じだけども、中東やエジプトのほうだったら、まあ……。

小林　なるほど。

広開土王　それ以前、東洋の国の歴史が尽《つ》きる前になってくれば、そちらのほうは、みんな、出ないでもないわのお。それはねえ。

里村　ずっと以前には、「出ていらっしゃった」ということですか。

広開土王　うーん。

小林　もし、具体的に何か、教えていただけることがあれば……。

広開土王　うーん、具体的にはさあ、ラムセス二世の統治下で……、あれはなんだったかねえ、あっちから攻《せ》めてくる、カナンのほうから攻めてきた……。

小林　ヒッタイトですか。

広開土王　うん、ヒッタイトか。ヒッタイトと戦った覚えがあるなあ。将軍だったような気がする。

里村　将軍として？　有名な戦いがありますね。ラムセス二世軍から……。

広開土王　そう。大きな戦いがあったあとに戦った記憶《きおく》があるなあ。

里村　当時のいわゆる「戦車」といわれた

ラムセス二世（前13世紀頃）
エジプト第19王朝第3代の王。カデシュの戦いではヒッタイトと戦いを繰り広げたのち、講和条約を結び、両国の勢力範囲を確定させた。首都ペル・ラムセスの整備、また、アブ・シンベル神殿をはじめ、各地に神殿や巨大な彫像、オベリスク等を建設し、「エジプトで最も偉大なるファラオ」と呼ばれる。

ものを繰《く》り出しています。

広開土王　うん、そう、そう。そのとおりだよ。今、没落《ぼつらく》しかかってるかもしらんけども、あのときのラムセス二世のエジプトっていうのは、世界最強になったときのアメリカそっくりなんだよ。

小林　そうですね。そっくりですね。

ユダヤ民族を指導した民族神は「裏神《うらがみ》」だった

小林　あの当時の「エジプトの繁栄《はんえい》」というのは、エル・カンターレの指導のもとにあったんですけれども。

広開土王　だからさ、そこから逃《のが》れたのが、奴隷《どれい》だったユダヤ民族だよな？

里村　モーセのですね。

広開土王　だから、あのときは「裏神《うらがみ》」だったわけだ、指導した民族神はな。それがやがて、ユダヤ教が変質してキリスト教になって、世界宗教になるときに、そのエジプトのときを指導した神様、ギリシャやローマも指導した神様と同じものが、やっぱり、全部を統《す》べていっているわけだねえ。小さいときには、手を出してないけどねえ。

だから、そのへんでちょっといろいろ民族神が入ってるので。恨みとか、嫉妬《しっと》とか、なんかいろんな経緯《いきさつ》みたいなのが混ざり込《こ》んでるのでね、宗教のなかにはね。だから、それをちょっと〝濾過器《ろかき》〟で濾《こ》さないと、やっぱり純粋《じゅんすい》なもんは見えないんだけどね。

小林　今の、モーセの混迷《こんめい》のところは、昨日のテーマ（二〇一四年四月二十四日に収録された「フビライ・ハーンの霊言《れいげん》」。前掲《ぜんけい》『フビライ・ハーンの霊言』参照）とも絡《から》んで、非常にやりたいところなんですけれども。

広開土王　そうなんだよ。

小林　そのワンテーマはとても巨大《きょだい》で、今日の時間がなくなってしまいますので……。

広開土王　私の〝あれ〟ではよくないでしょう？　違うテーマでやったほうがいい。

小林　「現代の問題に戻《もど》る」ということですね。

10　北朝鮮《きたちょうせん》には「リミット」が近づいている

百済《くだら》のときと同じく、日本は韓国《かんこく》を助けに入るべき

綾織　今まさに、北朝鮮《きたちょうせん》が動きを始めていて、核《かく》実験をやろうとしています。

広開土王　うん。だけど違《ちが》うから。（私は）朝鮮民族オンリーの神でないことは分かっただろう？

里村　もう十分に承《うけたまわ》っておりますし、伝わっております。

綾織　「視野がすごく広い」というのは分かりました（会場笑）。ですから、広い観

点からお答えいただけるかと思います。

今、金正恩《キムジョンウン》が核実験をやろうとしていますし、最近、ミサイルもたくさん撃《う》っています。そして、「韓国《かんこく》に対して攻《せ》め込《こ》む」という動きもあるように聞いています。

広開土王　だったら、日本はやっぱり韓国を助けに入るべきだ。百済《くだら》とのときと同じで。

里村　はい。

広開土王　やっぱり助けに入らないといかんわなあ、基本的に。

だから、朴槿恵《パククネ》さんの立場は、ちょっとよろしくない立場だと思う。中国に頼《たよ》ったら、やっ

『北朝鮮―終わりの始まり―』（幸福実現党）

ぱり取られるよ。国を取られるから、よくないと思うなあ。基本的に取られる。だって、あんた、アメリカを呑《の》んでやろうとしてるぐらいの国なのに、朝鮮半島なんか、もう無慈悲《むじひ》に取られるに決まってるじゃないか。北朝鮮によって拉致被害者《らちひがい》も出てることだろうし、やっぱり、これを〝封印《ふういん》〟して、殲滅《せんめつ》しなきゃいかんでしょうなあ、基本的には。

「大中華帝国《だいちゅうかていこく》による世界支配の構図」を考えている中国

綾織　「今、金正恩《キムジョンウン》が考えていること」というのは、どういうことなのでしょうか。

広開土王　まあ、ちょっと妄想《もうそう》も入ってるからねえ。世界情勢がほんとに分かってるかどうかは、ちょっと分からない。「妄想」と「若気《わかげ》の至り」が両方入っとるので。強いところを見せないと国内は治まらないので、やって見せているね。まあ、そのうち、なんとか盛《も》り返したいと思うてるのは分かるんだけど、強いところを見せたら、韓国が経済的にはなんか貢《みつ》ぎ物でも持ってきて、「もう、攻めるのは勘弁《かんべん》してくれ」みたいな感じで、経済的な〝汁《しる》〟が吸えるんではないかというようなあたりを考えてるんじゃないかと思うんだよな。基本的にはねえ。

綾織　先般《せんぱん》、張成沢《チャンソンテク》という北朝鮮ナンバーツーの人が切られ、「これで中国とも切れた」というようなことが言われているわけですけれども、実際に、そういう情勢なのでしょうか。

広開土王　微妙《びみょう》な関係ではあるだろうね。中国が向こうに攻め込んでくる言い訳ができたし、世界も、「中国に、北朝鮮をどうにかしてほしい」みたいな感じだね。オバマさんが退《ひ》いてるからな。その分、「どうにかして、中国に北朝鮮をコントロールしてほしい」みたいな希望が出てくるよなあ、どうしてもなあ。
そうすると、取りやすい感じにはなってくる。

綾織　（北朝鮮を）押《お》さえる前提で、そういう関係が切れたということなんですか。

広開土王　うーん、ただ、それは、そんなところで止まるほど、甘《あま》くはないだろうから。「冷戦体制の終わり」を向こう（中国）は言うとるからさあ、今な。

だから、中国を中心に、もう一回、戦後体制を組み替《か》えようと考え、かなりの大戦略を組んでいるので。「アメリカと共産圏《けん》との対立という冷戦構造が、もうすでに終わった」ということで、今、中国を中心とする「大中華帝国《だいちゅうかていこく》」による世界支配の構図を一生懸命《いっしょうけんめい》考えているからねえ。

だから、安倍《あべ》首相なんかは、アブみたいなもんに見えてるだろうからさ、きっとなあ。

基本的に「強いアメリカ」でなくては言うことをきかない

広開土王　だけど、わしは今、非常に難しい立場にいるね。どう言うたらええか分からんけども。

綾織　全体的な立場でお願いします。

広開土王　まあ、少なくとも、北朝鮮よりは韓国のほうが、国民にとっては、たぶん、いい国であろうとは思うので。

里村　はい。それは間違いありません。

広開土王　まあ、できるだけ、韓国のほうを残してやらなければならんから。その意味では、「中国に一方的に北朝鮮を支配させる」っていうのは、あんまり望ましいとは思っていない。

まあ、アメリカはどこまで勢力を行使できて、韓国に梃子《てこ》入れができるか。今日から行くのか知らないけども（収録当日、アジア歴訪中のオバマ大統領は、日本を発《た》って、次の訪問国の韓国に到着した）。まあ、オバマさんの宥和《ゆうわ》路線で、中国が黙《だま》るかどうかは、知らんけどもねえ。これは非常に時間稼《かせ》ぎにしかすぎないように見えるよ。やっぱり、基本的には「強いアメリカ」でなければ言うことをきかないんじゃないかと思うんだけどねえ。

やっぱり、もう分かってんだから。原爆施設《しせつ》とかあるのは、もう分かってるんだ。何て言うの？（北朝鮮が）核ミサイルのために横穴を掘《ほ》ってやってるの。あれは「攻撃《こうげき》できない」と思ってるのやったら、見事にあそこのなかへ撃《う》ち込んでやったらいいんだと思う。ちょっとやったらいいと思うんだよ。

だから、「（破壊《はかい》を）やれん」と思うてさあ、反対側の、川の向こう側から洞窟《どうくつ》を掘ったりして、南から攻めた場合に飛行機が見えないような所につくったりしてるけど、そんなものは、アメリカの技術では、バンカーバスター（地中貫通弾《かんつうだん》）で撃ち抜《ぬ》くことも、逆から攻めることも、どっちでもできる。（北朝鮮は）十分にできることが分かっとらんから、撃ち抜くなら撃ち抜いてやって、破壊したほうがいい。

攻撃兵器の施設の所を破壊しないと、これはもう、ゆるゆると先延ばしして完成させていくからね。それで、「実験されて、日本も脅《おど》され、韓国も脅されて」みたいな。これは、アメリカとしては、もう面子《メンツ》丸潰《まるつぶ》れだわな。

まあ、シリア、ウクライナでアメリカの面子は潰れたかもしらんけど、ある意味で、プーチンが「オバマの実態」を明らかにしとるわけだからさあ。「これはあかん」「守ってくれないぞ」ということを言っているわけですから。

まあ、そろそろ北朝鮮はリミットだと思うなあ、私はな。

11　広開土王から安倍《あべ》首相への「アドバイス」

広開土王が日本の首相なら、北朝鮮《きたちょうせん》近辺で「軍事演習」に参加する

広開土王　わしが日本の大臣か、総理大臣でおっても、そろそろやりますね。何かは。

綾織　日本が〝やる〟ということですか。

広開土王　そうです。北朝鮮《きたちょうせん》の近辺で、韓国《かんこく》とアメリカが「軍事演習」をやったりしてはいますけども、日本としても参加しますなあ。私だったらな。

小林　確かに、（児玉源太郎《こだまげんたろう》は）お亡《な》くなりにならなければ、次の総理大臣を確実視されていましたね。

広開土王　まあ、そら、当然そんなもんでしょうなあ。まあ、軍事的には天才性を持ってんのよ、ある程度なあ。

そうは言っても、相手が相手で、普通《ふつう》に対話が通じるような相手じゃないので。国家主席が、「日本人を軍事演習で拉致《らち》した」「百人以上拉致した」って認めておりながら、それを返さないで平気でいる。それで、交渉《こうしょう》しては援助《えんじょ》物資を引き出すみたいなことを延々とやって、ずるずる引き延ばされてるんでしょう？　これはアメリカが悪いよ。

「TPP問題」で判断を間違《まちが》えた日本

広開土王　やっぱり、アメリカの優柔不断《ゆうじゅうふだん》だよ。

里村　ええ。

広開土王　やっぱり、これは、嫌《きら》われるかもしらんけど、安倍《あべ》さんが自分で判断してやらないといかんよ。そうすると、「日本の地位」は上がるよ。国際的にはね。

里村　その安倍さんの判断のところについて、非常に時事的なテーマで恐縮《きょうしゅく》なんですが、例えば、今朝方には、残念ながら、「TPP問題において、日本とアメリカとで、大筋《おおすじ》合意には至らなかった」という話がありまして……。

広開土王　うん、まあ、それはちょっと間違《まちが》ったな。

里村　間違っている？

広開土王　ちょっと間違ったな。また先延《さきの》ばしになったな。

里村　「先延ばし」ですか。

広開土王　うーん、だから、アメリカの、「中国につくか、日本につくか」という優柔不断が続くことを意味しているよね。

里村　はい。

広開土王　中国のほうは、経済的な面で、アメリカとのメリットを出していくことで、また、日本を牽制《けんせい》できるからねえ。

里村　はい。

広開土王　あんまりよくないね。ちょっと思い切りが悪かったねえ。

里村　逆に、中国に時間を与《あた》えてしまったかたちに……。

広開土王　うん、だから、あれだろう？　今、鹿児島《かごしま》補選（衆院鹿児島2区補選。四月二十七日投開票）があるんだろう？

里村　はい。

広開土王　あそこも農民ばっかりやん。ねえ？

里村　はい。農業が主体です。

広開土王　農業が主体ですからねえ。だから、ＴＰＰを呑《の》めないんでしょう?

里村　はい。

広開土王　あそこは、鹿児島の黒豚《くろぶた》とか、いろいろあるからさあ。守らないといかんのやろう?

里村　おそらく、そうでしょう。

広開土王　それと、山口県も農業県だからねえ。

里村　ええ。

広開土王　農民票を取らないといかんから。これでボロ負けしたら、次の選挙で負ける可能性があって、あっという間に政権が崩《くず》れる恐《おそ》れがあるから。

でも、まあ、やっぱり、基本的には、TPP自体はアメリカ、日本、アジアを巻き込《こ》んでの「対中国包囲網《ほういもう》」なのでね。それを完成させるためには、やっぱり、これは譲《ゆず》らないといかんもんだろうねえ。

日本人だって、金がない人なら、和牛は食えないんだからさあ。今さら、「和牛が売れなくなる」っていうことはないんでね。

里村　そういうことですね。

広開土王　食える者は食えるんだよ。

里村　はい。

広開土王　だけど、あの安い米国産の牛肉や豚肉が入ってくるんなら、今は、消費者も苦しんでるんだから、いいじゃないか。

里村　私も大歓迎です。

広開土王　入れてやりゃあいいんで、余ったら、北朝鮮統合のときの〝餌《えさ》〟になるじゃないか。それなあ。だから、それは、ちょっと、何か勘違いしてるんじゃないかなあ？

里村　ああ。

12　日本と朝鮮《ちょうせん》半島の「未来」をどう築くか

「元宗主国《そうしゅこく》・日本」に対して甘《あま》えた態度を取っている韓国《かんこく》

綾織　朴槿恵《パククネ》大統領についてなのですが、「今、北朝鮮《きたちょうせん》が非常に危険な状態のなかで、どういう判断をするか」ということが、今後、非常に大切になってくると思います。

また、国民としても、かなり「反日」で固まってしまっているので、「韓国《かんこく》をどのように導いていけばよいか」という観点から、お話をお伺《うかが》いできればありがたいです。

広開土王　本当に「反日」かどうかは、ちょっと怪《あや》しいんだけどねえ。

綾織　はい。

広開土王　だから、英連邦《れんぽう》と同じで、「元宗主国《そうしゅこく》っていうのは、引き継《つ》いで面倒《めんどう》を見なきゃいかんものだ」みたいな気持ちも、ちょっとはあるのよ。

小林　あ！「面倒を見てくれる」と。

里村　うーん。なるほど。

広開土王　シリアだってさあ、やっぱり、フランスを気にしてるだろう？

里村　はい。

広開土王　そんなようなもので、「元宗主国」みたいなところに、なんだかんだ言いながらも甘《あま》えがあるから、「反日」と言いつつも、「最後は助けてくれないといかん」みたいな感じは持ってるので、「日本が何もしてくれん」っていうような感じの〝あれ〟もあるとは思うんだよなあ。

里村　はい。

広開土王　日本と戦って、沈《しず》めてるような場合じゃないからね。北が、本当に核《かく》兵器を完成させて、いくらでも撃《う》てるようになったら、それはもう完全に、「恐怖《きょうふ》の支配」でしょうからねえ。

韓国の豪華《ごうか》客船沈没《ちんぼつ》の「本当の原因」とは？

里村　ただ、日本としては、例えば、「従軍慰安婦《じゅうぐんいあんふ》問題」等、やってもいないことを「やった」と認めて謝罪し、お金を払《はら》うわけにもまいりませんので、日本がどのようにして変わっていくべきだと、あるいは、韓国側の国民の心も、どのような方向に変わっていくべきだとお考えでしょうか。

広開土王　だけど、今、（韓国の）●豪華《ごうか》客船が転覆《てんぷく》したことで、急に「三流意識」が出てきて、反省の〝あれ〟が出てきつつある。「国際的に恥《は》ずかしい」っていう感じが出てきてはいるんでしょう。強がりを言ってるのが、少し引っ込《こ》むところがあるんだろうから。

里村　はい。

●韓国客船事故　2014年4月16日、韓国の大型旅客船セウォル号が、仁川港から済州島へ向かっていた途中の観梅島沖海上で転覆・沈没した事故。乗員・乗客476名のうち、死者200名近く、行方不明者100名以上（2014年4月末現在）。

広開土王　まあ、本当は、（北朝鮮が）軍事演習をだいぶやってるからね。ミサイルは撃《う》ってるし、原爆《げんばく》の実験みたいなのもやってるし、あとは、また砲撃《ほうげき》をやったり……。

だから、あの船も、もしかしたら、「特殊潜航艇《とくしゅせんこうてい》とか何かで沈《しず》めにきたんじゃないか」とも言われている。

里村　はい。そうですね。

広開土王　私も、その可能性はかなり高いと思う。というか、まあ、はっきり言やあ、（北朝鮮が）やったんじゃねえかと思ってるんで。

小林　おっとっとっと。

里村　「やった」？

広開土王　ああ、だって、標的は大きいし、速度はのろいし、軍事演習にはちょうどええ。今、威圧《いあつ》してるところやからね。ミサイルを撃つと、もったいないし、けっこう一発で、何十億とかするからね、下手《へた》したらねえ。

里村　ええ。

広開土王　もうちょっと〝安い〟わね、客船を沈めるのは。もうちょっと〝安い値段〟で沈められるわなあ。

小林　もしかして、韓国の政府は隠《かく》していますか？　その情報を。

広開土王　うん。たぶん隠すと思うな。

小林　情報を隠していると。

広開土王　うん、それは発表できんわねえ。「沈められた」って。

里村　はい。

広開土王　「高校生たちがいっぱい乗ってるのを沈められた」っていうことであったら、知ってても発表できない。「事故」ということにするわね。

綾織　政権がもたないですね。

広開土王　だから、もし、北朝鮮のほうが自分で（「やった」と）言った場合には、国際世論《よろん》の〝袋叩《ふくろだた》き〟になるから、そのときには、それに乗って制裁ができるけど、今、北朝鮮を名指しでやって刺激《しげき》したら、何をしてくるか分からないんで。

向こうは、両方とも嘘《うそ》をつくのが得意だから。「うちはやってない」と言いつつ、「『やってない』ということは『やってる』」っていう……、それはオウム真理教にそっくりだね。

里村　同じです。今まで、ずっとそうですから。

広開土王　「『やってない、やってない、やってない、やってない』と言って、実はやってる」っていうのはね。

里村　はい、今まで、ずっとそうです。

広開土王　だから、必ず、「北朝鮮がやったっていう証拠《しょうこ》は？」とくるからね。「証拠もないのに、わが国がやったと言うとは、けしからん。制裁しなきゃいかん」ともってこられるから、言いたいことも、言うに言えない状況《じょうきょう》だわな。

里村　はい。

「退屈《たいくつ》な朝鮮《ちょうせん》半島よりも、先進国に生まれたくなる」

綾織　もう一点、お伺いしたいのですが、今後の朝鮮《ちょうせん》半島の未来を考えたときに、先ほど、「朝鮮半島は、霊界《れいかい》としても、南と北で分かれている」というお話もありましたが、南と北の、それぞれの「中心的な神様」というのは、どういうご存在になるのでしょうか。

広開土王　だからね、中国と日本に、神様がいっぱい生まれてるのよ（注。あの世から、神格を持った魂が、地上に転生《てんしょう》してくる）。

綾織　ああ、はい。

広開土王　まあ、朝鮮半島にも、〝小粒《こつぶ》〟なのは、ときどきいるんだろうけど……。

綾織　ええ。

広開土王　だけど、みんな〝浮気《うわき》〟して、よそに生まれたりするから、そんなに、ずっと統一して守ってるような者がいないんだよなあ。

綾織　では、「出たり、入ったり」という状態なんですね。

広開土王　うーん、退屈《たいくつ》だからねえ。退屈でしょう？（朝鮮半島に）いてもねえ。

里村　はあ。結局、いつも、属国的な立場ですから、退屈と言えば、退屈だとは思います。

広開土王　うん、うん。「先進国」に生まれたくなるよねえ。やっぱりねえ。

中国の霊界《れいかい》にはまったく勝てない北朝鮮《きたちょうせん》の霊界

里村　では、霊界《れいかい》的に見ると、日本と中国との、「霊界の覇権《はけん》争い」といいますか、そのようななかにあるわけですね？

広開土王　うーん、だから、もし、今、チンギス・ハーンだのフビライ・ハーンだのが、（地上に）出てるとするんだったら……。

里村　はい。出てきています（注。チンギス・ハーンは現在、習近平《しゅうきんぺい》として生まれていることが判明している。『世界皇帝《こうてい》をめざす男』『中国と習近平に未来はあるか』（共に幸福実現党刊）参照）。

広開土王　まあ、それがまた、高麗《こうらい》統一みたいな感じで、連合して何かしようとするのか。その後、「太平洋戦略」の手下《てした》になって、何

台頭する覇権国家・中国のトップが抱く野望とは

『中国と習近平に未来はあるか』（幸福実現党）

『世界皇帝をめざす男』（幸福実現党）

かやろうとするのか。あるいは、アメリカ・日本側のほうに組み入れられるのかっていう、まあ、「しのぎ合い」をしてるんだと思う。もう、「力比べ」だと思います。本当にそのとおりだと思う。

里村　そうですね。

小林　北のほうの霊界というのは、フビライ・ハーン、それから、チンギス・ハーン的霊界だと？

広開土王　と言うかどうか……。まあ、でも、少なくとも、「中国には全然勝てない霊界だ」ということだね。うん、まったく勝てないね。

「責任者」が存在しない北朝鮮《きたちょうせん》の霊界《れいかい》

綾織　先ほど出た、朱蒙《チュモン》という方は、北側の霊界《れいかい》の中心でいらっしゃるんですか。

広開土王　いやあ、それはもう、あっちこっちに転生《てんしょう》して、いなくなっとるからよ。

綾織　ああ、なるほど。では、この人が責任を持っているという状態ではない？

広開土王　いない、いない。それは、いない、いない、いない。わしが、こんなに〝浮気〟してるぐらいだから、それは、もうあかんね。

里村　いえいえ、確かに、北朝鮮《きたちょうせん》としても、そういうものも……。

広開土王　退屈するのよ。

綾織　あ、そうですか（笑）。

広開土王　退屈するの。同じところで生まれるとね、魂的《たましい》に。

里村　やはり、北朝鮮の方々も、朱蒙を信仰《しんこう》しているわけではないから、いらっしゃらないんだと？

広開土王　もう、いやしないんだから。

里村　いらっしゃらないんですね。

広開土王　ほかのところに、いっぱい生まれたい。ロシアでも生まれてるかもしんないよ。本当に。

この世でもあの世でも「消滅《しょうめつ》の危機」にさらされている朝鮮《ちょうせん》半島

小林　そうしますと、地上での伝道といいますか、啓蒙《けいもう》していくことで、地上のほうから変えていくしかないですね。上のほうの霊界から、何か指導があるという感じではないですから。

広開土王　（朝鮮半島の）霊界はねえ、〝消滅《しょうめつ》の危機〟にあると思うよ。今はね。

「北朝鮮《きたちょうせん》霊界」では、今、その指導者たちがみんな、地獄《じごく》で網《あみ》を張ってるような状態になってるでしょう？

『北朝鮮の未来透視に挑戦する』（幸福の科学出版）

里村　はい。

広開土王　だから、南だけになってるけど、こんなところで核戦争みたいなことが起きたら、もう終わりだもんな。国としては最期《さいご》になるし、アメリカと中国という、「大国の衝突《しょうとつ》」の現場になるのもかなわんしな。

また、日本に這《は》い上がってこられるのも大変だろうしなあ。

里村　ただ、王から見ると、今、韓国が置かれている立場というものは、ある意味で、北朝鮮の指導者が金正日《キムジョンイル》のときよりも、金正恩《キムジョンウン》である現在のほうが、最も危険なところにきていると……。

広開土王　まあ、あそこも、潰《つぶ》れる寸前だよ。

里村　潰れる寸前？

広開土王　うん。だから、誰《だれ》かが「潰そう」と強い意志を持ってると、潰せてしまうね。

里村　ええ。その分、私たちは、もう本当に、韓国のみなさまにも、しっかりとお伝えしていかなければいけないと思うんです。

広開土王　いやあ、それは、日本が憲法九条を改正して、攻撃《こうげき》的な兵器も持つことができるようになることだね。核兵器だって、「ウランが余ってるので、ちょっとつくる」と言っても、別に、アメリカは反対しないと思うよ。「韓国防衛のためにつくる」と言ったらね。

13　現代の日本外交への「指針」

自主防衛ができない日本が「譲《ゆず》らなければならないもの」とは

広開土王　「歴史認識」が曲がってるのは、それは、朝鮮《ちょうせん》半島のほうだとは思うよ。

里村　はい。

広開土王　南北朝鮮が分かれたのも、「日本のせい」になってるからさ。日本が分けたわけじゃないんだけども（笑）、そんなふうになってるので、ちょっとおかしいとは思うがね。

まあ、未来には、朝鮮半島、ベトナム、フィリピン、マレーシア、それから、ジヤカルタ、まあ、その辺まで全部、中国の覇権《はけん》で荒《あ》らされる可能性があるし、アメリカのオバマさんが、ただただ債務削減《さいむさくげん》で、経済を小さくして、軍事的に退《ひ》いていって、口だけで済まそうとする路線を取れば取るほど、増長してくるのは間違《まちが》いないので。

これは、やっぱり、「自主防衛」は、もう避《さ》けられないことだと思いますねえ。それができない間は、牛肉だろうが豚《ぶた》肉だろうが、売りたいんだったら、売らせてやらないといかん。

いや、彼が言ってるとおり、それは「農家の希望」みたいなもんだからさあ（笑）。かわいそうであって……。

「牛肉や豚肉は要《い》らんから、核《かく》ミサイルを売ってくれ」って言ってもいいけど（笑）、なかなか、そう言うわけにはいかんのだろうからさあ。

（オバマは）大統領専用車みたいなのを日本で走らせてたけど、あれは、「大型車で走ると、かっこいいだろう?」って見せてるんだよな。

里村　はい。

広開土王　「外車を買え」とね。

里村　ああ。

広開土王　ただ、あっちはね、「日本で外車に乗ってるのは、ヤクザだけだ」っていうのを、十分、分かっとらんのだ。「路地に入ったら、もう出てこられなくなるから乗れない」っていうことを分かってないからさあ。
　だから、開放したからって、何にもならな

デトロイト　アメリカ合衆国ミシガン州の都市の一つ。20世紀初頭、ヘンリー・フォードが量産型自動車「T型フォード」を開発して以来、自動車産業の町として栄え、最盛期は180万の人口を擁するまでに発展したが、日本車の輸出攻勢によって打撃を受けて急速に衰退した。(写真：1973年のデトロイトの様子)

いんだけど、それは、国土が違うから分からないんだろうなあ。
まあ、少なくとも、デトロイトが潰《つぶ》れてしもうたぐらい、日本の自動車は強すぎるんでなあ。やっぱり、何かは譲《ゆず》らなきゃいかんだろうと思うんだよ。

里村　なるほど。

広開土王　農家ったって、もう、千人単位でしょう？　専業農家は、数千しかない。

里村　専業は極《きわ》めて少ないです。みな兼業《けんぎょう》です。

広開土王　サラリーマンが節税のために……、まあ、サラリーマンだけをやったら、家や土地を売らなきゃいけなくなるけど、農業をやっていると売らなくて済む。「農家だ」っていうことにすれば、売らなくて済むから、みんな、兼業で片手間で

●**専業農家**　農林水産省によれば、統計上の専業農家は約 40 万戸と発表（農業構造動態調査）されているが、生産の大半を占める大規模販売農家の実数は非常に少数ともいわれ、主な稲作専業農家は数千戸という試算がある。

やってるからね。

里村　はい、そうです。

広開土王　土日に（農家の）仕事をして……、まあ、休日は、一年に三分の一ぐらいはあるからね。下手《へた》したら、一年の半分近くあるんじゃないか。それで、十分やれるからねえ。

だから、節税対策っていうか、相続税対策のために農業をやってるんだけど、農家自体は数十万しかないと思うし、それは、ちょっと、避難民《ひなんみん》の数より少ないかもしれないので（笑）……。

里村　実際、そうだと思います。

広開土王　やっぱり、ちょっと〝開《あ》けて〟やるべきだね。

今のままでは、「自主防衛路線」を走るしか道はない

広開土王　これ（ＴＰＰ交渉）は、今は、まだ、やってるところだから、何とも言えないけど、安倍《あべ》さんの考えが足りてないんじゃないかなあと思いますね。

里村　考えが足りていないのですね。

広開土王　ええ。まあ、あれでいったら、もう、「自主外交」というか、「自主防衛路線」に走るしかないし、中国とアメリカをくっつけないようにするのは大変だと思うよ。

もう、プーチンの〝あれ〟を使うしかないですね。

里村　はい。

広開土王　プーチンのところを使う以外に方法がなくなるから……。

里村　ええ。

広開土王　今年、世界は、非常に危険な綱渡《つなわた》りをするな。

里村　ああ……。

広開土王　安倍さんは、自民党が負けることを恐《おそ》れてるんだろうけどね。
そらあ、もともと、自民党っていうのは、「農家」と「漁業」を中心に成り立ってたし、それで票を固めてたところがあるけど、もう、とっくに、その時代は終わってるのでな。
つまり、向こうからしたら、「イルカの追い込《こ》み漁なんかやらんで、牛肉と豚肉《ぶた》の安いのを買え」って言ってるんでしょう?

里村　ええ。

広開土王　「関税ゼロにしたらええのに、なんで、四十パーも高いのを買うんだ。日本の国民は苦しんでる。政府は消費者を苦しめてるじゃないか」と……。要するに、「消費者主権」っていうのが、日本には根付いてないんだよ。

里村　なるほど。

広開土王　今、ここのところを開けなきゃいかんのだろうと思うよ。

「買う、買わない」は自由だから、和牛のほうは、「高付加価値戦略」で売っていきゃいいんだよ。外国にもねえ。

里村　そうですね。

広開土王　うん。やっぱり、その分の努力はしなきゃいかんと思うし、アメリカの自動車を壊滅《かいめつ》させるところまでやってしまったんだからさあ。

里村　はい。

広開土王　ほんとに、よく我慢《がまん》してると思うよ。
だから、トヨタも、自動車をつくるのをちょっとやめて、ミサイルをつくらなきゃいかんのじゃないかねえ。

里村　（笑）ええ。

広開土王　そう思いますねえ。防衛用に持ってる必要はあるわね。やっぱり、北朝鮮ぐらいまで届くようなものが……。

パトリオットだけじゃ届かないでしょ？　あれは、二、三十キロしか届かないでしょ？　つまり、「近くの上空まで来たら、撃《う》ち落とせる」というだけで、遠くへは届かないので、やっぱり、（中距離ミサイルを）持っているべきでしょうねえ。それを、やらなきゃいかんから、まあ、しかたがないねえ。これは、押《お》し切らないといけないでしょうねえ。

だから、心を押し殺して、「韓国《かんこく》を守るために」と言って、やればいいのよ。

里村　なるほど。

「広開土王の魂《たましい》」は、今、地上に転生《てんしょう》しているのか

里村　お時間になってしまったようですが、（質問者に）もうよろしいですか。では、私から質問させていただきます。これは、なかなか明かせないとは思いますが、「現代の問題」にたいへんお詳《くわ》しいところを見ると、王の魂《たましい》の一部は、今、地上にいらっしゃるのではないでしょうか。

広開土王　うん……。まあ、ちょっと難しいなあ。うーん、ちょっと難しいが……。

里村　はばかられますか。

広開土王　うーん、まあ、いるかもねえ。でも、いたとしても、まだ名前は出て……。

里村　まだ早いのですね？

綾織　これから登場されるのでしょうか。

広開土王　〝幸福の科学学園〟で勉強しとるかもしれんな。

綾織　なるほど。

里村　（笑）承知いたしました。

広開土王　うーん。

大統領や首相を指導する「世界教師」を支えるための組織のあり方

里村　今日は、長時間にわたり、広開土王から貴重なご意見をお伺《うかが》いしました。

広開土王　うん。

里村　今日の指針を胸に、しっかりと活動してまいりたいと思います。

広開土王　（朝鮮半島には）被害妄想《ひがいもうそう》もあるし、実際に、被害を受けたこともあるかもしらんが、まあ、今は、中国文化圏《けん》、アメリカ文化圏、それから、日本文化圏、ロシア文化圏で引き合ってるんでね。いつもこういう感じだし、地政学的にこういうところなので。

まあ、国がいつまであるかは分からないけれども、とりあえず、今あるなかで、やや、ベターな方向を選ぶように努力するしかない。まあ、現代人としてはしかたないじゃないですか。

百年後、国があるかどうか、それは分からない。

里村　はい。

広開土王　だけど、それは、日本だって同じことだからねえ。分からないよ。国策を誤れば、たぶん、一緒《いっしょ》でしょうからね。

でも、あなたがたは、頑張《がんば》って、そうとうやったんじゃないかねえ。いろいろなことをやってきたと思う。

今回（日米首脳会談）も、「ロシア問題」がまったく出てきてないわねえ。これは、政府のほうが、ロシアから何か引き出すことを考えているんだろうなあ。

それから、戦後の日本の「教育体制」や「政治体制」を引っ張ってきたのは、朝日・岩波《いわなみ》系の識者だったんだろうけども、今、「とうとう、東大から朝日新聞に就職した人がゼロになった」って言われている。これは、ある意味で、「時代の終わり」を意味してるわなあ。

あれは、「もう、没落《ぼつらく》する」っていうか、「言論的に敗れてきた」っていうか、「間違ったことを言ってきたことが認められてきた」ということで、「完落《かんお》ち、近し」と見ているんだと思うなあ。

だから、そういう、「時代の兆候《ちょうこう》」をよく見てだなあ……、まあ、本当は、君らがかなりリードしていて、今は、マスコミがついてきてるんだということを知ったほうがいいなあ。

まあ、大川隆法さんは、もう「国師」のレベルを超《こ》えてしまっている。それは間違いないわなあ。「ワールド・ティーチャー」というのは、そのとおりでしょう。

里村　はい。「世界教師」です。

広開土王　大統領や首相の上から、ものを言うとりますのでねえ。だから、君らにも、もう一段、世界的な組織化の「智慧《ちえ》」が必要だな。もう一段の大きさが必要だと思う。

弟子《でし》のほうは、目標を立ててやるのが好きじゃないんだろ？　〝ノルマ〟がかかると義務が生じるから、嫌《いや》なんだろうけど、普通《ふつう》のところがやっているぐらいのことは、やったほうがいいのと違うか？　「サイズは、一緒のままで維持《いじ》する」みたいなのはよくないので、やっぱり、「世界戦略」は持たないといかんと思いますねえ。

だからねえ、もう少し大きくしないといけないんじゃないかなあ。そうしないと、使命が果たせない感じかなあ。

里村　はい。分かりました。

平壌《ピョンヤン》攻撃《こうげき》ができる態勢をつくることは「自衛の範囲《はんい》内」

広開土王　最後に一点、絞《しぼ》るとしたら、まあ、最悪の場合に、平壌《ピョンヤン》に撃ち込める態勢だけはつくっておいたほうがいいよ。

里村　はい。「平壌に」ですね。

小林　分かりました。

広開土王　「平壌攻撃《こうげき》ができる」という態勢だけは、絶対につくっておかないと。これから、アメリカは、中国と日本とを天秤《てんびん》にかけて揺《ゆ》さぶってくるから。

里村　なるほど。

広開土王　やっぱり、これは、用意したほうがいいよ。できるから。

小林　はい。それは可能なことですので。

広開土王　それは、やらないといけない。「自衛の範囲《はんい》内」だよ。実際に、向こうは撃ちまくってるんだからさ（笑）。

それに、核《かく》実験もどんどん進めてるんだよ。三回もやってるので、「もう実用化してる」っていうことですからねえ。

まあ、少なくとも、爆弾《ばくだん》みたいにして落とすぐらいだったらできるのは間違いないのでね。

向こうが旅客機《りょかくき》みたいなのに乗ってきてポコッと落とされたら、落ちるということですからねえ。〝ピカドン〟が落ちる可能性はあるということだから。

まあ、(幸福の科学が)「左翼《さよく》、反原発勢力」と戦ったのは、頑張ったとは思うけれども、自民党自体が、「原発反対」や「TPP反対」のほうで、公約は、そちらのほうで、けっこう選挙を勝ってるからさ。やってることは、あんたがたが言うとおり、やってるんだろう? こういう国論はおかしいから、やっぱり、正していかないといかんわね。

里村　はい。

日本は「ロシアカード」を使うべき時

広開土王　やっぱり、北朝鮮には正義はない。だから、現在のあれだったら、やっぱり南は統合すべきだけど、南にはそれだけの力がない。

その意味では、やっぱり日米の力を頼《たよ》りにする体制をつくるべきだ。

中国は、現状維持《いじ》をしている分には、特に文句《もんく》はないけれども、「経済力」を梃《て》子《こ》にして、アメリカやEUを支配し、さらには、アジア太平洋地域を、「軍事的」に治めようとするのなら……、まあ、「経済的」に支配するところも、ちょっと問題はあるけれども、「軍事的」に支配しようとするところまで来るなら、これは、誰《だれ》かが挫《くじ》かなければいかんということだよね。

ここまでシミュレーションできなければ、使命を果たせていないというふうには思うね。

里村　はい。

広開土王　だから、君らが、今、日本にあるということは、世界にとって、とてもいいことだと思うよ。

ロシアの話が出ているけども、私も、やっぱりロシアは使うね。いたら、絶対使うので。

里村　はい。

広開土王　「ロシアカード」を使わなきゃいけない。

ただ、あの、アメリカの優柔不断《ゆうじゅうふだん》は、ちょっと……。次の大統領も、どうなるかというところはあるけども、このままでは、アメリカはほんとに危ないね。

里村　はい、分かりました。肝《きも》に銘《めい》じてまいります。本日は、まことにありがとうございました。

広開土王　うん、はい。

14　広開土王の霊言《れいげん》を終えて

大川隆法　（手を二回叩《たた》く）ありがとうございました。

まあ、意外な結論でした。結局、「北朝鮮人《きたちょうせん》」であり、「韓国人《かんこく》」であり、「日本人」でもあったという結論が出てしまいまして、〝怪《あや》しい関係〟そのものでしたね。

里村　怪しい関係……（笑）。

大川隆法　どうやら、向こうを防衛したり、日本から攻《せ》めたり、両方できる人ではあったらしいということです。

また、「須佐之男《すさのお》の末裔《まつえい》が、南のほうにはびこって、王家をつくったのではないか」

という珍説《ちんせつ》が出てきましたね。そういう説はあることはあって、「天照大神《あまてらすおおみかみ》に追い出された」という説が遺《のこ》ってはいます。「出雲《いずも》まで行って、そのあと韓国に放り出された」という説ですね。向こうで〝種まき〟をなされたのかもしれません。

まあ、しかたがないでしょう。韓国、北朝鮮は、二千年以上も、歴史の狭間《はざま》で揺《ゆ》さぶられ続けているわけです。もう、「ベスト」は無理なので、そのなかで「ベター」な生き方を選ぶしか方法はないということだと思います。

それから、難民も吸収し切れないのは間違《まちが》いありません。

まあ、正念場《しょうねんば》ですね。どうなるのでしょうか。

なお、ＴＰＰのところは基本的に（日本は）呑《の》まないと駄目《だめ》だと私は思います。農家に補償《ほしょう》を出すのはしかたがないでしょうが、実際上、対象者は一万人もいないと思います。兼業農家《けんぎょうのうか》は、節税対策でやっているのであって、本当であれば払《はら》うべき相続税を払っていない人たちです。つまり、もう十分に優遇《ゆうぐう》されているのです。

さらに、まったく土地を手放さなくてもよいわけです。正田家《しょうだけ》（美智子《みちこ》妃ご実家）

でも家を売らなければいけないのに、農家の場合、田んぼでも持っていれば、売らなくて済むのですから、やや問題があるところかもしれません。

いずれにしても、当会としては、国の政治と宗教の活動とが、本当に一つのものになってきたので、非常に難しい状況《じょうきょう》です。

里村　現在進行形で完全に……（笑）。

大川隆法　「国際政治」から、「農家の保護」まで入ってきたので難しいのですが、なんとか信頼《しんらい》されるリーダーになるよう、頑張《がんば》りたいところですね。

里村　はい。ありがとうございました。

あとがき

広開土王が朝鮮半島で岩盤のようになって頑張っている神様でなくて、ほっとしている。

本書を編み終えて、日韓・日朝関係は、基本的に日本が外交のイニシアチブを取らなければならないと感じた。

日本人自身が恐れていることをやってしまうことだ。

それは、はっきりした言論で反論をし、真の自立・独立をやってのけることだ。

半主権国家では、今後、朝鮮半島の歴史をなぞるような未来がやってきてしまう。

世界最古の王朝が神とともに連綿として続いている奇蹟の国・日本。世界の誇りと言ってよい。歴史なき国家は、もっと謙虚であるべきだろう。

二〇一四年　四月二十六日

幸福《こうふく》の科学《かがく》グループ創始者兼総裁《そうししゃけんそうさい》　大川隆法《おおかわりゅうほう》

『広開土王の霊言　朝鮮半島の危機と未来について』大川隆法著作関連書籍

『フビライ・ハーンの霊言』（幸福の科学出版刊）
『伊邪那岐・伊邪那美の秘密に迫る』（同右）
『安重根は韓国の英雄か、それとも悪魔か』（同右）
『神武天皇は実在した』（同右）
『西郷隆盛　日本人への警告』（同右）
『守護霊インタビュー　朴槿惠韓国大統領　なぜ、私は「反日」なのか』（同右）
『オバマ大統領の新・守護霊メッセージ』（同右）
『プーチン大統領の新・守護霊メッセージ』（同右）
『北朝鮮の未来透視に挑戦する』（同右）
『守護霊インタビュー　金正恩の本心直撃！』（幸福実現党刊）
『韓国　李明博大統領のスピリチュアル・メッセージ』（同右）

『日本武尊の国防原論』（同右）
『韓国　朴正熙元大統領の霊言』（同右）
『神に誓って「従軍慰安婦」は実在したか』（同右）
『北朝鮮――終わりの始まり――』（同右）
『世界皇帝をめざす男』（同右）
『中国と習近平に未来はあるか』（同右）

広開土王《こうかいどおう》の霊言《れいげん》 朝鮮半島《ちょうせんはんとう》の危機《きき》と未来《みらい》について

2014年5月2日　初版第1刷

著　者　　大《おお》川《かわ》隆《りゅう》法《ほう》

発行所　　幸福の科学出版株式会社

〒107-0052 東京都港区赤坂2丁目10番14号
TEL(03)5573-7700
http://www.irhpress.co.jp/

印刷・製本　株式会社 東京研文社

落丁・乱丁本はおとりかえいたします

ISBN978-4-86395-468-7 C0030
写真：Roberto Venturini/skinnylawyer/Brücke-Osteuropa/AFP=時事

大川隆法ベストセラーズ・忍耐の時代を切り拓く

忍耐の法
「常識」を逆転させるために

人生のあらゆる苦難を乗り越え、夢や志を実現させる方法が、この一冊に——。混迷の現代を生きるすべての人に贈る待望の「法シリーズ」第20作!

2,000円

「正しき心の探究」の大切さ

靖国参拝批判、中・韓・米の歴史認識……。「真実の歴史観」と「神の正義」とは何かを示し、日本に立ちはだかる問題を解決する、2014年新春提言。

1,500円

忍耐の時代の経営戦略
企業の命運を握る３つの成長戦略

2014年以降のマクロ経済の動向を的確に予測!　これから厳しい時代に突入する日本において、企業と個人がとるべき「サバイバル戦略」を示す。

10,000円

※表示価格は本体価格(税別)です。

新しき大学の理念

「幸福の科学大学」がめざす
ニュー・フロンティア

2015年、開学予定の「幸福の科学大学」。日本の大学教育に新風を吹き込む「新時代の教育理念」とは？ 創立者・大川隆法が、そのビジョンを語る。

1,400円

「経営成功学」とは何か

百戦百勝の新しい経営学

経営者を育てない日本の経営学!? アメリカをダメにしたMBA——!? 幸福の科学大学の「経営成功学」に託された経営哲学のニュー・フロンティアとは。

1,500円

「人間幸福学」とは何か

人類の幸福を探究する新学問

「人間の幸福」という観点から、あらゆる学問を再検証し、再構築する——。数千年の未来に向けて開かれていく学問の源流がここにある。

1,500円

「未来産業学」とは何か

未来文明の源流を創造する

新しい産業への挑戦——「ありえない」を、「ありうる」に変える！ 未来文明の源流となる分野を研究し、人類の進化とユートピア建設を目指す。

1,500円

大川隆法 ベストセラーズ・「幸福の科学大学」が目指すもの

「現行日本国憲法」をどう考えるべきか

天皇制、第九条、そして議院内閣制

憲法の嘘を放置して、解釈によって逃れることは続けるべきではない── 。現行憲法の矛盾や問題点を指摘し、憲法のあるべき姿を考える。

1,500円

未来にどんな発明があるとよいか

未来産業を生み出す「発想力」

日常の便利グッズから宇宙時代の発明まで、「未来のニーズ」をカタチにするアイデアの数々。その実用性と可能性を分かりやすく解説する。

1,500円

もし湯川秀樹博士が幸福の科学大学「未来産業学部長」だったら何と答えるか

食料難、エネルギー問題、戦争の危機……。21世紀の人類の課題解決のための「異次元アイデア」が満載! 未来産業はここから始まる。

1,500円

政治哲学の原点

「自由の創設」を目指して

政治は何のためにあるのか。真の「自由」、真の「平等」とは何か──。全体主義を防ぎ、国家を繁栄に導く「新たな政治哲学」が、ここに示される。

1,500円

※表示価格は本体価格(税別)です。

大川隆法霊言シリーズ・外交・国防への指針を示す

なぜ私は戦い続けられるのか
櫻井よしこの守護霊インタビュー

「日本が嫌いならば、日本人であることを捨てなさい！」日本を代表する保守論客の守護霊が語る愛国の精神と警世の熱き思い。

1,400円

日本外交の盲点
外交評論家
岡崎久彦守護霊メッセージ

日米同盟、中国・朝鮮半島問題、シーレーン防衛。外交の第一人者の守護霊が指南する「2014年 日本外交」の基本戦略！衝撃の過去世も明らかに。

1,400円

日本外交の鉄則
サムライ国家の気概を示せ

日清戦争時の外相・陸奥宗光と日露戦争時の小村寿太郎が、緊急霊言。日本の弱腰外交を一喝し、国家を護る気概と外交戦略を伝授する。
【幸福実現党刊】

1,200円

※表示価格は本体価格（税別）です。

幸福の科学グループのご案内

宗教、教育、政治、出版などの活動を通じて、地球的ユートピアの実現を目指しています。

宗教法人　幸福の科学

一九八六年に立宗。一九九一年に宗教法人格を取得。信仰の対象は、地球系霊団の最高大霊、主エル・カンターレ。世界百カ国以上の国々に信者を持ち、全人類救済という尊い使命のもと、信者は、「愛」と「悟り」と「ユートピア建設」の教えの実践、伝道に励んでいます。

（二〇一四年四月現在）

愛

幸福の科学の「愛」とは、与える愛です。これは、仏教の慈悲《じひ》や布施《ふせ》の精神と同じことです。信者は、仏法真理をお伝えすることを通して、多くの方に幸福な人生を送っていただくための活動に励んでいます。

悟り

「悟り」とは、自らが仏の子であることを知るということです。教学《きょうがく》や精神統一によって心を磨き、智慧《ちえ》を得て悩みを解決すると共に、天使・菩薩《ぼさつ》の境地を目指し、より多くの人を救える力を身につけていきます。

ユートピア建設

私たち人間は、地上に理想世界を建設するという尊い使命を持って生まれてきています。社会の悪を押しとどめ、善を推し進めるために、信者はさまざまな活動に積極的に参加しています。

国内外の世界で貧困や災害、心の病で苦しんでいる人々に対しては、現地メンバーや支援団体と連携して、物心両面にわたり、あらゆる手段で手を差し伸べています。

年間約３万人の自殺者を減らすため、全国各地で街頭キャンペーンを展開しています。

公式サイト **www.withyou-hs.net**

ヘレン・ケラーを理想として活動する、ハンディキャップを持つ方とボランティアの会です。視聴覚障害者、肢体不自由な方々に仏法真理を学んでいただくための、さまざまなサポートをしています。

公式サイト **www.helen-hs.net**

教育

学校法人 幸福の科学学園

学校法人 幸福の科学学園は、幸福の科学の教育理念のもとにつくられた教育機関です。人間にとって最も大切な宗教教育の導入を通じて精神性を高めながら、ユートピア建設に貢献する人材輩出を目指しています。

幸福の科学学園

中学校・高等学校（那須本校）
2010年4月開校・栃木県那須郡（男女共学・全寮制）
TEL **0287-75-7777**
公式サイト **happy-science.ac.jp**

関西中学校・高等学校（関西校）
2013年4月開校・滋賀県大津市（男女共学・寮及び通学）
TEL **077-573-7774**
公式サイト **kansai.happy-science.ac.jp**

幸福の科学大学（仮称・設置認可申請中）
2015年開学予定
TEL **03-6277-7248**（幸福の科学 大学準備室）
公式サイト **university.happy-science.jp**

仏法真理塾「サクセスNo.1」 TEL **03-5750-0747**（東京本校）
小・中・高校生が、信仰教育を基礎にしながら、「勉強も『心の修行』」と考えて学んでいます。

不登校児支援スクール「ネバー・マインド」 TEL **03-5750-1741**
心の面からのアプローチを重視して、不登校の子供たちを支援しています。
また、障害児支援の「**ユー・アー・エンゼル！**」運動も行っています。

エンゼルプランV TEL **03-5750-0757**
幼少時からの心の教育を大切にして、信仰をベースにした幼児教育を行っています。

シニア・プラン21 TEL **03-6384-0778**
希望に満ちた生涯現役人生のために、年齢を問わず、多くの方が学んでいます。

NPO 活動支援

学校からのいじめ追放を目指し、さまざまな社会提言をしています。また、各地でのシンポジウムや学校への啓発ポスター掲示等に取り組むNPO「いじめから子供を守ろう！ネットワーク」を支援しています。

公式サイト **mamoro.org**
相談窓口 **TEL.03-5719-2170**
ブログ **mamoro.blog86.fc2.com**

政治

幸福実現党

内《ない》憂《ゆう》外《がい》患《かん》の国難に立ち向かうべく、二〇〇九年五月に幸福実現党を立党しました。創立者である大川隆法党総裁の精神的指導のもと、宗教だけでは解決できない問題に取り組み、幸福を具体化するための力になっています。

党員の機関紙
「幸福実現NEWS」

TEL 03-6441-0754
公式サイト hr-party.jp

出版
メディア
事業

幸福の科学出版

大川隆法総裁の仏法真理の書を中心に、ビジネス、自己啓発、小説など、さまざまなジャンルの書籍・雑誌を出版しています。他にも、映画事業、文学・学術発展のための振興事業、テレビ・ラジオ番組の提供など、幸福の科学文化を広げる事業を行っています。

アー・ユー・ハッピー？
are-you-happy.com

ザ・リバティ
the-liberty.com

幸福の科学出版
TEL 03-5573-7700
公式サイト irhpress.co.jp

THE FACT

ザ・ファクト
マスコミが報道しない
「事実」を世界に伝える
ネット・オピニオン番組

Youtubeにて
随時好評配信中！

ザ・ファクト　検索

入会のご案内

あなたも、幸福の科学に集い、ほんとうの幸福を見つけてみませんか？

幸福の科学では、大川隆法総裁が説く仏法真理をもとに、
「どうすれば幸福になれるのか、また、
他の人を幸福にできるのか」を学び、実践しています。

入会

大川隆法総裁の教えを信じ、学ぼうとする方なら、どなたでも入会できます。入会された方には、『入会版「正心法語」』が授与されます。（入会の奉納は1,000円目安です）

ネットでも**入会**
できます。詳しくは、
下記URLへ。
happy-science.jp/joinus

三帰《さんき》誓願《せいがん》

仏弟子としてさらに信仰を深めたい方は、仏・法・僧の三宝への帰依を誓う「三帰誓願式」を受けることができます。三帰誓願者には、『仏説・正心法語』『祈願文①』『祈願文②』『エル・カンターレへの祈り』が授与されます。

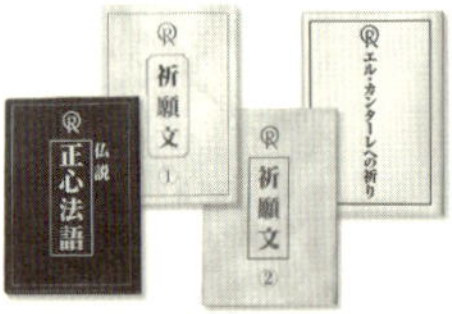

植福《しょくふく》の会

植福は、ユートピア建設のために、自分の富を差し出す尊い布施の行為です。布施の機会として、毎月1口1,000円からお申込みいただける、「植福の会」がございます。

「植福の会」に参加された方のうちご希望の方には、幸福の科学の小冊子（毎月1回）をお送りいたします。詳しくは、下記の電話番号までお問い合わせください。

月刊
「幸福の科学」

ザ・伝道

ヤング・ブッダ

ヘルメス・
エンゼルズ

INFORMATION	**幸福の科学サービスセンター** **TEL. 03-5793-1727**（受付時間 火～金：10～20時／土・日：10～18時） 宗教法人 幸福の科学 公式サイト **happy-science.jp**